Schopenhauer como Educador

Friedrich Wilhelm Nietzsche nasceu em 15 de outubro de 1844 em Röcken, localidade próxima a Leipzig. Karl Ludwig, seu pai, pessoa culta e delicada, e seus dois avós eram pastores protestantes; o próprio Nietzsche pensou em seguir a mesma carreira. Por causa da morte do pai e do irmão em 1849, a mãe mudou-se com a família para Naumburg, pequena cidade às margens do Saale, onde Nietzsche cresceu, em companhia da mãe, de duas tias e da avó. Em 1858 obteve uma bolsa de estudos, ingressando no Colégio Real de Pforta, local onde haviam estudado o poeta Novalis e o filósofo Fichte. Nietzsche morreu em Weimar em 25 de agosto de 1900. Entre suas obras, encontram-se: *Humano, demasiado humano*, *Assim falou Zaratustra*, *A gaia ciência*, *Para além do bem e do mal*. Por esta editora, foram publicadas *Sabedoria para depois de amanhã*, *Introdução à tragédia de Sófocles*, *Introdução ao estudo dos diálogos de Platão* e *David Strauss, o confessor e o escritor*.

Friedrich Nietzsche

Schopenhauer como Educador
Considerações extemporâneas III

Tradução, apresentação e notas
CLADEMIR LUÍS ARALDI

SÃO PAULO 2020

Esta obra foi publicada originalmente em alemão com o título
UNZEITGEMÄSSE BETRACHTUNGEN III: SCHOPENHAUER ALS ERZIEHER
Copyright © 2020, Editora WMF Martins Fontes Ltda.,
São Paulo, para a presente edição.

1ª edição *2020*

Tradução, apresentação e notas
CLADEMIR LUÍS ARALDI

Acompanhamento editorial
Fernanda Alvares
Revisões
Fernanda Alvares
Marisa Rosa Teixeira
Produção gráfica
Geraldo Alves
Paginação
Renato de Carvalho Carbone

Dados Internacionais de Catalogação na Publicação (CIP)
(Câmara Brasileira do Livro, SP, Brasil)

Nietzsche, Friedrich, 1844-1900.
 Schopenhauer como educador : considerações extemporâneas III / Friedrich Nietzsche ; tradução, apresentação e notas Clademir Luís Araldi. – São Paulo : Editora WMF Martins Fontes, 2020.

 Título original: Unzeitgemässe Betrachtungen III :
Schopenhauer als Erzieher.
 Bibliografia.
 ISBN 978-85-469-0276-7

 1. Educação 2. Schopenhauer, Arthur, 1788-1860 I. Araldi, Clademir Luís. II. Título.

19-28325   CDD-193

Índices para catálogo sistemático:
Filosofia alemã   193

Cibele Maria Dias – Bibliotecária – CRB-8/9427

Todos os direitos desta edição reservados à
Editora WMF Martins Fontes Ltda.
Rua Prof. Laerte Ramos de Carvalho, 133 01325.030 São Paulo SP Brasil
Tel. (11) 3293.8150 e-mail: info@wmfmartinsfontes.com.br
http://www.wmfmartinsfontes.com.br

APRESENTAÇÃO

Nietzsche, Schopenhauer e o pessimismo

O encontro de Nietzsche com a obra e com a imagem do mestre Schopenhauer ocorreu em 1865, quase dez anos antes de *Considerações extemporâneas III: Schopenhauer como educador*. Há estações determinantes para esse encontro com o filósofo pessimista e para o confronto que se insinuava no núcleo da mais sincera veneração. É no isolamento do internato de Schulpforta que o jovem aluno imerge na atmosfera romântica de sua época de *Gymnasium*[1]. A atração pelo destino e pelo *pathos* do "infeliz poeta" Hölderlin, a leitura apaixonada de Goethe, Schiller, Byron e Jean Paul são indícios da busca por educadores distintos, que fomentassem uma cultura superior, estética. Nessa paisagem, destacam-se Hyperion e Empédocles, considerados dois

---

1. Nietzsche cursou o liceu (*Gymnasium*) em Schulpforta, internato prussiano de elite, próximo a Naumburg, do início de outubro de 1858 a 7 de setembro de 1864.

tipos elevados de homem, que Hölderlin, o "monge helênico", configura com genialidade. Empédocles prefigura a morte trágica, por seu orgulho sobre-humano e por seu desprezo aos homens. Hyperion é a imagem da incompletude, da ânsia sempre insatisfeita pela pátria mítica e do perigo em mergulhar no lago negro da melancolia.

O adolescente melancólico oscilava nessa época entre os sonhos de grandeza heroica e um desprezo profundo de si mesmo[2]. Os poemas dramáticos de Byron poderiam lançar uma luz nessas trevas de sua juventude. O próprio lorde Byron tornou-se o além-do-homem (*Übermensch*), por sua postura decidida de transformar sua vida em obra de arte. Novamente, o tema do pessimismo: Byron (por quem Schopenhauer nutre uma considerável estima, na história do pessimismo e na estética) encarna o *mal du siècle*, o herói solitário, andarilho com inquietações demoníacas, e desenvolve do modo "mais genial" a poesia da dor do mundo[3]. Com Byron, o jovem Nietzsche separa radicalmente o gênio do homem comum; a mitologização alcançada pela arte permitiria fugir da realidade cotidiana. Com isso, notamos que o jovem Nietzsche já era pessimista antes mesmo de conhecer o pensamento de Schopenhauer – e via traços sombrios e tempestuosos mesmo naquilo que o mundo e a existência tinham de mais radiante e sereno.

---

2. Cf. Janz, Curt Paul. *Friedrich Nietzsche. I. Infancia y juventud*. Madri: Aliança Editorial, 1985, p. 97.

3. Cf. Nietzsche, F. *Frühe Schriften* (1854-69). Org. de Hans Joachim Mette, Carl Koch e Karl Schlechta. Munique: DTV, 1994, v. II, pp. 9-15, "Acerca dos poemas dramáticos de Byron", dez. 1861.

Nietzsche buscou na ciência e na história e, posteriormente, na filologia o contrapeso ao "pessimismo ilimitado", que ele percebe em poetas modernos, na Antiguidade grega e em si mesmo. Mas justamente na época em que começa os estudos de filologia em Leipzig[4], ele "descobre" a obra de Schopenhauer *O mundo como vontade e representação*, que revigora seu entusiasmo estético e seu pendor pessimista: "Um dia encontrei no sebo (*Antiquariat*) do velho Rohn esse livro, tomei-o nas mãos e folheei-o como algo totalmente estranho. Não sei que demônio me sussurrou: 'Leve esse livro para casa.' Isso de comprar livros apressadamente aconteceu em todo caso contra o meu hábito. Em casa me atirei com o tesouro adquirido no canto do sofá e deixei que aquele gênio enérgico e sombrio atuasse em mim. Cada linha nele bramia renúncia, negação, resignação; ali eu via um espelho, em que mirava mundo, vida e o próprio ânimo em grandiosidade pavorosa. Ali eu contemplava o olho solar plenamente desinteressado da arte, ali eu via doença e cura, banimento e lugar de fuga, inferno e céu."[5] O confronto com o pessimismo schopenhaueriano lançou uma nova luz para seu pensamento e existência juvenis, envoltos na melancolia e em obscuros pressentimentos.

No final do período de formação filológica em Leipzig, em novembro de 1868, Nietzsche se encontra

---

4. Como estudante de filologia, Nietzsche viveu em Leipzig (Prússia), de 17 de outubro de 1865 a 12 de abril de 1869. Foi no final de outubro de 1865 que ele se deparou com a obra capital de Schopenhauer.

5. Apud *Friedrich Nietzsche. Chronik in Bildern und Texten*. Munique: Stiftung Weimarer Klassik/Deutscher Taschenbuch Verlag, 2000, p. 141.

pela primeira vez com Richard Wagner, na casa do orientalista H. Brockhaus, ocasião na qual discutem longamente temas da filosofia de Schopenhauer. No dia 17 de maio de 1869, visita pela primeira vez Richard Wagner e Cosima von Bülow em Tribschen. Por ocasião do aniversário de Wagner (22 de maio), ele escreve: "Venerabilíssimo senhor, há quanto tempo tive a intenção de lhe expressar, sem nenhuma timidez, o grau de gratidão que sinto em relação ao senhor. Pois os melhores e mais excelsos momentos de minha vida estão de fato ligados ao seu nome, e eu conheço somente mais um homem, além disso seu grande irmão espiritual, Arthur Schopenhauer, em quem penso com a mesma veneração, sim, com senso religioso. [...] Sou grato ao senhor e a Schopenhauer, por ter permanecido fiel à seriedade que distingue a concepção de vida germânica, à contemplação profunda desta existência tão grave e tão repleta de enigmas."[6] Schopenhauer e Wagner estão intimamente ligados ao projeto de engendrar uma nova época trágica, da obra *O nascimento da tragédia* (NT), de 1872. A sabedoria dionisíaca do filósofo pessimista seria consumada no "espírito de fogo limpo" da música alemã, no final crepuscular de seu curso solar, em Wagner (cf. NT 19). Essas duas aflorações do gênio são compreendidas como o despertar do "espírito dionisíaco alemão". Schopenhauer, com sua "profunda metafísica da música", teria aberto o caminho para a imposição da arte trágica. Wagner imprimiu o "seu

---

6. Nietzsche, F. *Sämtliche Briefe: Kritische Studienausgabe* (SB). 8 v. Org. de Giorgio Colli e Mazzino Montinari. Berlim: W. de Gruyter, 1986, v. 3, n. 4. Carta a R. Wagner, 22 de maio de 1869.

selo" ao corroborar essa "eterna verdade", ao trazer à luz o gênio da música trágica (cf. NT 16). Embora Schopenhauer seja o centro irradiador da nova cultura trágica em *Schopenhauer como educador*, Wagner orbita como o principal astro nesse sistema solar. Após criticar o erudito alemão, por ser uma má imitação da erudição francesa, ele proclama o gênio de Wagner, na superioridade e na sublimidade do "fogo alemão". Exceções, Wagner e Schopenhauer são prenúncios da cultura artística superior, que poderia ser fomentada intencionalmente, com o afastamento das pretensões vis do egoísmo do Estado, dos conquistadores, dos dissimuladores, da ciência e dos eruditos.

A significação metafísica do homem schopenhaueriano

É no contexto de suas vivências e da suprema esperança na geração do gênio que Nietzsche se propõe a apresentar "Schopenhauer como educador" ao homem de seu tempo. Aqui é que se evidencia a singular e comprometedora adesão de Nietzsche ao pensamento schopenhaueriano. Se cada ser humano é um *unicum*, irrepetível, nesta Terra (numa clara exclusão do eterno retorno do mesmo), é necessário esboçar a imagem do homem ideal, a saber, do *homem schopenhaueriano*. O jovem professor da Basileia conclama à autenticidade, à retirada das máscaras da erudição, do maneirismo e de sua ilusória elegância. O que significa esse tipo de *homem*, nesse *theatrum mundi*, no "jogo de marionetes" do devir eterno, em que tudo é enganoso? Inicialmente, ele descreve o "sofrimento da veracidade", a incompreensão e o isolamento de Schopenhauer em seu tempo, por essa madrasta cruel. Mas a caverna de sua solidão é um lugar de profundidade, de aprofundamento da vida. À mediocridade do homem moderno, Schopenhauer propôs o "curso heroico da vida". A verdadeira vida está para além do mundo físico, no Ser imperecível, metafísico.

Detenhamo-nos nessa formulação do significado metafísico do homem schopenhaueriano. Nietzsche não está falando apenas de suas vivências e da configuração única de seus pensamentos. Ele corrobora o pensamento metafísico fundamental de Schopenhauer, da compreensão do mundo em suas duas faces, como vontade e representação. No devir e na vida do homem moderno tudo é enganoso, "representação". Ali pode-se procurar sem restrições a inverdade. Mas quem penetrou na verdadeira vida e percebeu a teleologia inconsciente da natureza, esse despertará para o pensamento superior da cultura. Embebido desse sentimento (místico) schopenhaueriano da unidade de tudo o que vive e sofre, ele pretende derivar a tarefa suprema da verdadeira cultura da humanidade: o engendramento do gênio. Mas não há ainda uma imagem unívoca do gênio (*der Genius*). O filósofo, o artista e o santo são elementos constitutivos do homem genial schopenhaueriano. Do mesmo modo, o homem de Rousseau e o homem de Goethe estão relacionados ao homem schopenhaueriano. O ímpeto violento para revoluções socialistas e o pendor errático e contemplativo, em estilo superior, são anseios por uma transfiguração da natureza, na cultura. Essas três manifestações do gênio constituem uma comunidade poderosa, que poderia romper o isolamento trágico a que Schopenhauer esteve fadado. Assim, o homem comum, preso aos hábitos, pode fornecer um sentido superior à sua existência se assumir esse círculo de deveres, na cultura e na educação, ao se dedicar ao engendramento do Si mesmo superior do gênio.

Schopenhauer, como educador, tem muito a ensinar ao homem dos tempos modernos e ao próprio Nietzsche, sedento por encontrar um verdadeiro mestre, que o arrancasse da caverna de seu isolamento, de professor de filologia na Basileia. O gênio impulsionava Schopenhauer às alturas sublimes da tarefa de determinar uma meta suprema para a humanidade; ao mesmo tempo que o precipitava para baixo, para a compaixão com as fraquezas humanas. O filósofo e o santo não se harmonizavam nele. Apesar de todas as críticas ao erudito, Nietzsche parece admitir, com certo pesar, a sua situação desconfortável como erudito e professor de uma universidade suíça. Mas esse ímpeto de engendrar em si mesmo o gênio ressurgirá nos anos seguintes, ligado a um projeto pretensioso de criação filosófica: "Tornar-me artista (criador), santo (o que ama) e filósofo (conhecedor) numa *só pessoa*: – *meu objetivo prático*."[7] Não estamos aqui nas alturas solitárias de Zaratustra. Em *Schopenhauer como educador*, Nietzsche

---

7. Nietzsche, F. *Kritische Studienausgabe* (KSA). Org. de Giorgio Colli e Mazzino Montinari. Berlim: DTV/W. de Gruyter, 1988, v. 10, 16 [11], outono de 1883.

conclama à ação, às tarefas mais próximas para atingir a "verdadeira cultura".

Educadores éticos

É no contexto do triunfo militar na guerra franco-prussiana e da unificação alemã que Nietzsche propõe sua investigação no âmbito prático da educação e da arte. Segundo ele, a cultura e a educação vigentes no mundo germânico tinham como metas a universalização e a propagação do saber científico, o bem-estar, o dinheiro, em suma, uma limitação a um círculo de deveres, ações e metas bem restrito e desprezível. Em contrapartida, a crença num "significado metafísico da cultura" teria consequências decisivas para a educação. Apesar de todos os perigos, entre os quais Schopenhauer cresceu, ele pôde desencadear uma "revolução" na educação. A glória definitiva somente viria num futuro distante, mas Nietzsche se preocupa em intensificar os efeitos de Schopenhauer nos estabelecimentos de ensino de sua época. O *furor philosophicus* schopenhaueriano permite avançar no estabelecimento do gênio, visto que propicia uma autêntica educação para a filosofia, apartada das pretensões suspeitas dos filósofos ligados ao Estado e aos pendores políticos. Como Nietzsche pretende superar o perigo dos solitários (que era também o de Schopenhauer) e as limitações do filósofo universitário (que eram as suas restrições a uma esfera de deveres e compromissos)? O homem moderno vive numa desanimadora confusão, na oscilação entre os ideais cristãos e a presumida naturalidade dos sistemas morais do mundo antigo. O jovem professor quer instaurar "forças éticas" com o mesmo vigor da eticidade antiga, a partir do exemplo de Schopenhauer.

O mestre Schopenhauer poderia servir também de médico para a humanidade moderna. Ele era honesto e simples no seu modo de pensar e de agir. Com inabalável confiança na honestidade do homem e do escritor Schopenhauer, Nietzsche avança na tarefa de educar para a meta do gênio filosófico. O filósofo pessimista sabia dizer "o profundo de modo simples"; por sua serenidade e firmeza de caráter, ele pode libertar o filósofo universitário e o inquieto homem moderno de suas limitações e obrigações cotidianas para propor um novo círculo de deveres. E é justamente no ápice da tarefa prática e urgente, da revolução na educação, que falta a Nietzsche uma maior determinação de sua obra.

Schopenhauer tinha uma alta estima por *sua* filosofia e um grande desprezo por seus contemporâneos, principalmente pelos filisteus da cultura. Parece que Nietzsche se preocupa mais em esboçar o perigo do pensador incompreendido (que era também o seu temor), de recair numa melancolia insuperável. Mas justamente o filósofo pessimista aparece como o guia com condições de retirar os solitários da caverna do isolamento e elevá-los à altura de uma cultura trágica. Essa é a tarefa que Nietzsche reserva à educação: despertar os seres humanos para serem discípulos de Schopenhauer e amigos da verdadeira sabedoria (estético-trágica). A aspiração ao gênio, não realizada por

Schopenhauer, poderia ser consumada numa cultura vindoura? Como compreender que ele, da elevação do seu gênio, anseie profundamente por santidade? Mesmo depois de ter descoberto o reino da *physis* transfigurada, e de ter ansiado por uma nova imagem do homem, é um tanto desanimadora a resposta schopenhaueriana à questão acerca do valor da existência. Sua resposta é a de Empédocles, considerado pelo jovem Nietzsche e por Schopenhauer como um eminente representante do pessimismo antigo, da negação da vontade de viver.

Educar para o gênio

Na época de *O nascimento da tragédia*, Nietzsche procurava unir ciência, arte e filosofia. A ciência e a erudição ficam em segundo plano em *Schopenhauer como educador*. Mas o projeto de impulsionar uma cultura artística é mais forte do que nunca, quando ele se dedica à educação para a filosofia. O problema reside em conciliar a conclamação a uma revolução artística com o pessimismo no modo de pensar e de agir. Na gravura *Cavaleiro, Morte, Diabo*, de Albrecht Dürer, ele acredita ver a imagem do pessimismo ativo schopenhaueriano, da busca da verdade e da consagração à cultura do gênio vindoura. Schopenhauer seria o educador que, do seu pessimismo da força, desencadearia um movimento irrefreável de criação. Quando pensa nas criações da arte da cura e da salvação, não se trata mais da estética schopenhaueriana, mas da arte que seduz *para* a vida.

O juízo de Schopenhauer sobre o valor da vida não impede Nietzsche de conduzir sua investigação no "âmbito da prática". A educação para o gênio filosófico possibilitaria desfazer a aliança entre o Estado e os (maus) filósofos. O filósofo pessimista vale aqui como uma espécie de juiz da cultura, no projeto de constituir um tribunal isento de qualquer interesse mesquinho para avaliar a educação e as instituições de ensino.

A confiança de Nietzsche em Schopenhauer começa a estremecer quando ele avalia que seu mestre-educador representa um pessimismo quietista, de fuga do mundo. Não é o caso ainda da *Extemporânea* de 1874, em que Schopenhauer fornece um significado metafísico à cultura do gênio, com todos os efeitos positivos desse firme enraizamento para a educação. Apesar de não avançar muito na formação sintética do artista, do filósofo e do santo no gênio, parece que a profundidade do pessimismo schopenhaueriano e a sublimidade da arte wagneriana poderiam ser direcionadas para uma meta futura factível.

Uma sombra funesta se insinua quando Nietzsche trata do juízo negativo de Schopenhauer sobre o valor da existência. Na visão schopenhaueriana do julgamento ultraterreno, a vida era posta sobre uma balança e avaliada como muito leve. Nietzsche, por sua vez, quer fazer do excesso dionisíaco da vida o novo peso ético-estético da existência. Mas ele está ainda ligado à sua metafísica de artista e à metafísica da ética schopenhaueriana. Se a vida autêntica está incrustada num plano metafísico, a própria metafísica do jovem Nietzsche reverte-se na imanência da Natureza, compreendida como pulsão estética e divinizada como lugar de cura. Apesar disso, o dualismo metafísico do "adivinho" e "profeta do grande cansaço" atrai ainda o jovem que busca o eterno no finito e transitório das tarefas educacionais.

Ao idealizar a imagem do homem schopenhaueriano, Nietzsche sem dúvida esboça *suas* esperanças e *seus* projetos. É o pressentimento de uma despedida dolorosa e difícil de ser assumida em todas as consequências. É mais do que um consolo saber que ele tinha educadores e precursores em quem se apoiar. Alguns anos depois, no deserto de seu isolamento, o filósofo errante verá a grandiosidade de sua tarefa, de propor aos europeus o ingresso em uma nova época trágica, para além de Schopenhauer e de Wagner.

Para o Nietzsche "maduro", o pessimismo da "fraqueza" schopenhaueriano é o prenúncio para um movimento de destruição e de criação muito maior. Caberia ao autor de *Assim falou Zaratustra* a radicalização das tendências pessimistas e niilistas da história da humanidade. E também a preparação para as criações de valores futuras, muito além do período moral-niilista.

O que há de mais singular em *Schopenhauer como educador* é essa confiança de que o fruto supremo da natureza, o gênio, pode ser engendrado no mundo moderno, a partir da cultura. Para atingir essa meta, as tarefas da educação seriam descomunais. Procurando superar suas limitações de professor universitário, Nietzsche acreditou que seu escrito extemporâneo incidisse sobre *seu* tempo, sobre o universo da cultura e da educação alemãs. Apesar da desilusão acerca das mais elevadas esperanças de revolução estética e educacional, o encontro com a imagem idealizada do "educador" Schopenhauer foi decisivo para os novos rumos de seu pensamento e de sua vida.

CLADEMIR LUÍS ARALDI

SCHOPENHAUER COMO EDUCADOR
Considerações extemporâneas III

1

Ao ser questionado acerca de qual propriedade dos homens teria reencontrado em toda parte, o viajante que viu muitos países e povos e muitas partes da Terra diz: eles têm um pendor para a preguiça[1]. A muitos pode parecer que ele teria dito de modo mais correto e válido: eles todos são medrosos. Eles se escondem debaixo de costumes e opiniões. No fundo, todo homem sabe bem que está no mundo somente uma vez, como um *unicum*, e que nenhum acaso tão raro mistura pela segunda vez uma multiplicidade tão maravilhosamente variegada em algo idêntico a ele. Ele sabe disso, mas oculta-o como uma má consciência – por quê? Por medo do vizinho, que exige a convenção e se esconde com ela. Mas o que coage o indivíduo singular a temer

---

1. Tradução feita a partir da *Kritische Studienausgabe* (KSA), ed. de Giorgio Colli e Mazzino Montinari. Berlim: DTV/W. de Gruyter, 1988, v. I, pp. 335-427. Todas as notas são do tradutor.

o vizinho, a pensar e a agir em conformidade com o rebanho e a não estar satisfeito consigo mesmo? Em alguns poucos, talvez a vergonha. Para a maioria, é a comodidade, a indolência, em suma, aquele pendor à preguiça, de que falava o viajante. Ele tem razão: os homens são mais preguiçosos do que medrosos e temem justamente, na maioria das vezes, as fadigas que lhes causariam uma honestidade e nudez incondicionais. Somente o artista odeia esse perambular descuidado por maneiras veladas e opiniões sobressalentes e revela o segredo, a má consciência de cada um, a sentença segundo a qual todo homem é um milagre único. Eles ousam nos mostrar o homem, como ele é único em cada movimento muscular, ainda mais, em consequência rigorosa de sua unicidade, que ele é belo e digno de consideração, novo e incrível como qualquer obra da natureza, e de modo algum preguiçoso. Quando o grande pensador despreza os homens, ele despreza sua preguiça: pois por causa dela eles aparecem como produtos de fábrica, indignos das relações e da instrução. O homem que não quer pertencer à massa tem somente que cessar de acomodar-se em relação a si mesmo; ele segue sua consciência, que lhe brada: "Sê tu mesmo! Tu não és tudo o que fazes, opinas e desejas agora."

Toda alma jovem treme ao ouvir de dia e de noite esse brado. Pois ela pressente há eternidades certa medida de felicidade quando pensa em seu real livramento: de modo algum poderão alcançar a felicidade os que há muito tempo estão presos nas cadeias das opiniões e do medo. E quão sem consolo e sentido pode tornar-se a vida sem esse livramento! Não há na natureza nenhuma criatura mais vazia e repulsiva que o homem que se desviou de seu gênio e agora olha de soslaio à direita, à esquerda, para trás e para toda parte. Não se pode, enfim, nem mais pegar tal homem, pois ele é totalmente exterior sem núcleo, um traje deteriorado, pintado e exagerado, um fantasma enfeitado, que não pode suscitar medo e, certamente, nenhuma compaixão. E quando se diz com razão do preguiçoso, que ele mataria o tempo, deve-se então tratar seriamente de um período, que espera sua cura na opinião pública, isto é, nas indolências privadas, de modo que tal tempo realmente seja morto: quero dizer, que ele seja apagado da História (*Geschichte*) da verdadeira libertação da vida. Quão grande deve ser a repulsa das gerações posteriores em se ocupar com o legado daquele período, no qual predominam não homens vivos, mas homens aparentes, que opinam publicamente. Por isso, talvez nossa época deva ser, para alguma geração posterior distante, o período mais obscuro e desconhecido – porque desumano – da História. Eu passeio pelas ruas novas de nossas cidades e penso, qual foi o gênero dos que opinam publicamente que construiu todas essas casas horríveis; num século nada mais ficará de pé, assim como tombarão as opiniões desses construtores. Em contrapartida, quão cheios de esperança deveriam ser todos os que não se sentem cidadãos dessa época; pois, se eles o fossem, ajudariam então a matar seu tempo e a sucumbir junto com seu tempo – ao passo que eles, pelo contrário, querem despertar para a vida o tempo, para continuar vivendo nessa vida mesma.

Mas, se também o futuro não nos deixasse nada a esperar – nossa estranha existência nesse "agora", isto é, no fato inexplicável de que vivemos justamente hoje e tínhamos um tempo infinito para nascer, de que não possuímos nada mais do que um extenso hoje e devemos mostrar nele por que e para que nós surgimos precisamente agora –, nos encorajaria com a maior força a viver segundo nossa própria medida e lei. Temos de nos responsabilizar pela nossa existência diante de nós mesmos; em consequência, queremos ser também os timoneiros efetivos de nossa existência e não admitir que ela se equipare a uma casualidade sem pensamentos. Deve-se levar com ela algo de ousado e perigoso: tão certo que nós sempre a perderemos, nos piores ou nos melhores casos. Por que depender dessa gleba, desse ofício, por que obedecer àquilo que diz o vizinho? É tão provinciano comprometer-se com visões que já não são obrigatórias a algumas centenas de milhas adiante. Oriente e Ocidente são traços de giz que alguém nos pintou diante de nossos olhos, para troçar de nosso temor. Quero fazer o ensaio de chegar à liberdade, diz para si mesma a jovem alma; e isso deve impedir que duas nações casualmente guerreiem e se odeiem, ou que um mar surja entre dois pedaços de terra, ou que em torno dela seja ensinada uma religião, que não subsista por alguns milhares de anos. Tu não és isso tudo, diz ela para si mesma. Ninguém pode construir para ti a ponte, sobre a qual precisamente tu deves caminhar acima do rio da vida, ninguém mais além de ti. De fato, há incontáveis sendas e pontes e semideuses, que querem te levar pelo rio; mas somente ao preço de ti mesmo. Tu serias penhorado e te perderias. Há no mundo um único caminho, pelo qual ninguém além de ti pode seguir. Para onde ele conduz? Não pergunte, trilhe-o. Quem foi que pronunciou a sentença: "nunca um homem se eleva mais alto do que quando ele não sabe para onde seu caminho pode conduzi-lo"[2]?

Mas como encontramos de novo a nós mesmos? Como pode o homem conhecer a si mesmo? Ele é uma coisa obscura e oculta; e, se a lebre tem sete peles, então o homem pode retirar de si sete vezes setenta, e ainda não poderá dizer: "isso sou eu de fato agora, esta não é minha pele". Por isso é um começo atormentado e perigoso, por enterrar de tal forma a si mesmo e descer bruscamente para o poço de sua essência pelo caminho mais próximo. Quão facilmente ele se machuca, de modo que nenhum médico pode curá-lo. Além disso, para que seria necessário algo assim se tudo dá testemunho de nossa própria essência, nossas amizades e inimizades, nosso olhar e aperto de mão, nossa memória e o que esquecemos, nossos livros e os traços de nossa pena? Mas esse é o meio para promover o mais importante interrogatório. A alma jovem olha retrospectivamente para a vida com a pergunta: o que amaste verdadeiramente até agora, o que arrebatou tua alma, o que a dominou e, ao mesmo tempo, fê-la feliz? Põe diante de ti a série desses objetos venerados, e talvez eles resultem, através de sua essência e de seus resultados, numa lei, na lei fundamental de teu Si próprio (*deines eigentlichen Selbst*). Compara esses objetos, vê

---

2. Oliver Cromwell. Citado por Emerson, R.W. *Versuche*. Trad. de G. Fabricius. Hannover, 1858.

como um completa, amplia, sobrepuja, transfigura o outro, como eles formam uma escada, pela qual até agora tu tens subido a ti mesmo; pois tua essência autêntica não está profundamente oculta em ti, mas imensamente acima de ti ou, pelo menos, acima daquilo que tu habitualmente presumes ser teu eu. Teus educadores e formadores autênticos adivinham em ti qual é o sentido originário autêntico e qual o estofo fundamental de tua essência, algo inteiramente não educável e não formável, mas em todo caso de difícil acesso, dificilmente comprometido e paralisado. Teus educadores nada mais podem ser que teus libertadores. E esse é o segredo de toda formação (*Bildung*): ela não fornece membros artificiais, narizes de cera, olhos com lentes – ao contrário, somente a má-educação é que pode conceder esses dons. Mas ela é libertação, retirada de toda erva daninha, acúmulos, parasitas, que querem tocar o núcleo delicado da planta; irradiação de luz e calor, murmurar afetuoso da chuva noturna, ela é imitação e adoração da natureza, onde é refletida de modo maternal e compadecido; ela é perfeição da natureza, quando previne seus acessos cruéis e inclementes e volta-os para o bem, quando ela cobre com um véu as manifestações de suas atitudes de madrasta e de sua triste insensatez.

Certamente, há outros meios para encontrar a si mesmo, para chegar a si mesmo do atordoamento em que nos movemos habitualmente, como numa nuvem sombria, mas não conheço nenhum melhor do que recordar-se de seus educadores e formadores. E assim quero lembrar vivamente hoje o mestre e disciplinador *Arthur Schopenhauer*, de quem me vanglorio – para, mais tarde, pensar em outros.

2

Quero descrever que evento foi para mim aquele primeiro olhar que lancei aos escritos de Schopenhauer. Assim, posso demorar-me um pouco numa representação, tão frequente e premente na minha juventude, como nenhuma outra. No tempo em que me curvava bem em desejos, pelo prazer do coração, pensava comigo mesmo que eu me livraria, pelo destino, do esforço e da obrigação pavorosos de educar a mim mesmo. Contanto que eu encontrasse no tempo certo um filósofo para ser educador, um verdadeiro filósofo, ao qual se pudesse obedecer sem muitas reflexões, porque se teria mais confiança nele do que em si mesmo. Então, perguntei a mim mesmo: quais seriam os princípios segundo os quais ele te educaria?; e eu ponderava comigo sobre o que ele diria acerca das duas máximas da educação que estão na moda em nosso tempo. Uma delas exige que o educador logo reconheça a força própria de seus pupilos, de modo a conduzir todas as forças, seivas e todo brilho solar justamente para auxiliar alguém a atingir a maturidade e fecundidade corretas de uma virtude. A outra máxima, ao contrário, quer que o educador direcione e considere todas as forças dadas e as conduza numa relação harmônica entre si. Mas pode-se obrigar violentamente para a música alguém que tem uma inclinação decidida para a ourivesaria? Deve-se dar razão ao pai de Benvenuto Cellini[3], que

---

3. Escultor, escritor e ourives italiano, B. Cellini nasceu em Florença (Itália), em 1500, e faleceu na mesma cidade, em 1571. Foi um dos principais artistas do maneirismo.

obrigava sempre de novo seu filho para a "amada corneta", que o filho chamava de "maldito flautim". Não se denominará direito isso em talentos tão veementes, que bem correspondem entre si; e assim aquela máxima da formação harmônica somente seria empregada, talvez, em naturezas mais fracas, nas quais assenta um ninho todo de necessidades e inclinações, mas que, tomadas no conjunto e individualmente, não significam muito? Mas onde encontramos a totalidade harmônica e a consonância de muitas vozes na natureza una, onde admiramos mais a harmonia do que justamente em homens, como Cellini, nos quais tudo: conhecer, desejar, amar, odiar, tende para um centro, para uma força radical, e onde precisamente pela preponderância forçosa e dominante desse centro vivo é formado aqui e ali, acima e abaixo, um sistema harmônico de movimentos? E assim talvez essas duas máximas não constituem opostos? Talvez uma diga: o homem deve ter um centro; a outra, ele deve ter também uma periferia? Aquele filósofo educador, com o qual eu sonhava, descobriria não somente a força centrípeta, mas poderia também evitar que elas atuem destrutivamente em relação às outras forças. Ao contrário, a tarefa de sua educação seria, como me parecia, transformar o homem inteiro num sistema solar e planetário, móvel e vivente, e reconhecer a lei de sua mecânica superior.

Entretanto, faltava-me este filósofo, e eu buscava esse ou aquele; encontrei – como nós, homens modernos, somos miseráveis em relação a gregos e romanos – somente em vista do entendimento sério e severo das tarefas da educação. Pode-se percorrer toda a Alemanha, sobretudo as universidades, com essa necessidade no coração, e não se encontrará o que se procura; muitos desejos inferiores e mais simples não se realizarão ali. Aquele que entre os alemães quiser se formar orador, ou aquele que intenta entrar numa escola de escritores, não encontraria em lugar algum mestre e escola. Parece que ninguém ainda pensou que falar e escrever são artes, que não podem ser adquiridas sem a orientação mais cuidadosa e sem os anos de aprendizagem plenos de esforço. Mas nada mostra de modo mais nítido e vergonhoso o arrogante sentimento de bem-estar dos contemporâneos em relação a si mesmos, que a pobreza meio avara meio impensada da sua exigência de educadores e professores. Se não bastasse isso tudo, mesmo em nossas pessoas mais distintas e mais bem instruídas, sob o nome de preceptores, essa mixórdia de cabeças excêntricas e instalações antiquadas é frequentemente chamada de *Gymnasium*[4] e tida em boa conta; isso nos é o bastante como estabelecimento de ensino mais elevado, como universidade, que diretores, que instituições!, comparado com a dificuldade da tarefa de educar um homem num homem! Mesmo a forma muito admirada, com a qual os eruditos alemães se precipitam sobre sua ciência, mostra sobretudo que eles pensam mais na ciência que na humanidade, que eles foram instruídos a se sacrificar a ela, como se sacrifica um bando perdido, para outra vez atrair novas gerações a esse sacrifício. A ocupação

---

4. Na Alemanha, o *Gymnasium* é uma forma de escola secundária, que prepara os alunos para a educação superior. Nietzsche frequentou o *Gymnasium* de Schulpforta entre os anos 1858 e 1864.

com a ciência, quando não é conduzida e limitada por nenhuma máxima superior da educação, mas desencadeada sempre mais pelo princípio: "quanto mais, melhor", é certamente tão prejudicial para o erudito quanto a tese econômica do *laissez-faire* para a eticidade de povos inteiros. Quem sabe ainda a educação do erudito, cuja humanidade não deve ser abandonada ou dessecada, é um problema muito difícil – e pode-se ver essa dificuldade com os olhos, quando se presta atenção aos incontáveis exemplares que se encurvaram devido ao abandono demasiado precoce à ciência e tornaram-se distintos com uma corcunda. Mas há um testemunho ainda mais importante para a ausência de toda educação superior, mais importante e perigoso e, principalmente, muito mais geral. Se logo fica claro por que um orador, um escritor, não pode agora ser educado – pois não há para ele nenhum educador –; se já fica do mesmo modo claro por que um erudito agora tem de ficar arruinado e excêntrico – pois a ciência, um *abstractum* desumano, portanto, deve educá-lo –, então pode-se perguntar a ele por fim: onde estão propriamente para nós todos, eruditos e não eruditos, nobres e inferiores, nossos modelos e celebridades éticas entre nossos contemporâneos, o conjunto visível de toda moral criadora nesse tempo? Aonde chegou propriamente toda reflexão sobre questões éticas, com as quais se ocupou, por todos os tempos, toda vida social nobremente desenvolvida? Não há mais nenhuma celebridade e nenhuma reflexão daquela espécie. Vive-se de fato do capital adquirido da eticidade, acumulado pelos nossos antepassados e que nós não sabemos aumentar, mas somente desperdiçá-lo. Em nossa sociedade, ou não se fala, ou se fala de tais coisas com uma falta de jeito e inexperiência naturalistas, que devem nos suscitar aversão. Sucede assim que nossos alunos e professores simplesmente abstêm-se de uma educação ética ou contentam-se com formalidades. E virtude é uma palavra em que alunos e professores não podem mais pensar, uma palavra fora de moda, da qual se ri – e, pior ainda, quando não mais se ri, pois então se fingirá tê-la.

A explicação para essa debilidade e baixa maré de todas as forças éticas é difícil e complicada. Pois todo aquele que levar em conta a influência na eticidade do cristianismo que triunfou sobre o mundo antigo deveria também ter presente a repercussão do cristianismo que sucumbe, portanto seu destino sempre mais provável em nosso tempo. O cristianismo sobrepujou, por meio da elevação de seu ideal, os sistemas morais antigos e a naturalidade que vigorava em toda constância, de modo que as pessoas ficaram apáticas e enojadas em relação a essa naturalidade. Posteriormente, contudo, enquanto se reconhecia ainda – mas não se podia mais atingir – o melhor e mais elevado, não se podia mais retornar ao bem e elevado, a saber, àquela virtude antiga, ainda que muito se quisesse. O homem moderno vive nessa oscilação entre o cristão e o antigo, entre a cristandade dos costumes, intimidadora ou enganadora, e o vetusto, do mesmo modo sem alento e preso, e se acha mal nisso. O medo herdado desse caráter natural e o estímulo sempre renovado dessa naturalidade, por terem os apetites um apoio em algum lugar, a impotência de seu conhecimento, o cambalear entre o bom e o melhor: tudo isso gera uma inquietude, uma confusão na alma moderna, que a condena a tornar-se infrutífera e inquieta. Nunca se precisou tanto de educadores éticos e nunca foi mais improvável encontrá-los. Em tempos nos quais os médicos são mais necessários, em grandes epidemias, eles são nocivos na maioria das vezes. Onde estão, pois, os médicos da humanidade moderna, que estão postos tão firme e saudavelmente sobre seus próprios pés, que eles poderiam ainda segurar um outro e conduzi-lo pela mão? Há certo obscurecimento e apatia nas melhores personalidades de nosso tempo, um eterno desgosto na luta entre dissimulação e honradez, que é combatido em seu peito, uma inquietação no confiar em si mesmo – pelos quais elas são completamente incapazes de ser indicadores de caminho e, ao mesmo tempo, mestres disciplinadores (*Zuchtmeister*) para outros.

De fato, excedia em desejos quando imaginava que poderia encontrar um verdadeiro filósofo como educador, o qual pudesse arrancar alguém da insuficiência, na medida em que ela reside no tempo, e novamente ensinar a ser *simples* e *honesto*, no pensar e no viver, ser extemporâneo, portanto tomando a palavra no entendimento mais profundo. Pois os homens tornaram-se agora tão múltiplos e complexos que eles têm de ser desonestos, sobretudo quando falam, fazem afirmações e querem agir segundo elas.

Conheci Schopenhauer em tais aflições, necessidades e desejos.

Faço parte dos leitores de Schopenhauer que, depois de terem lido a primeira página dele, sabem com determinação que lerão todas as páginas e ouvirão cada palavra dita por ele. Minha confiança nele foi então imediata, e é ainda agora a mesma que há nove anos. Eu entendia-o como se ele tivesse escrito para mim, para me expressar compreensivelmente, mas de modo imodesto e insensato. Por isso sucedeu que nunca encontrei nele um paradoxo, apesar de algum pequeno erro aqui e ali. Pois o que são paradoxos a não ser afirmações que não geram nenhuma confiança, visto que o autor mesmo fazia-as sem nenhuma confiança, porque ele queria com elas brilhar, seduzir e querer aparecer de todo? Schopenhauer nunca quer aparecer, pois ele escreve para si. E ninguém quer ser enganado, pelo menos um filósofo, que se torna até mesmo em lei para si: não enganes ninguém, nem a ti mesmo! Nem mesmo com o engano socialmente agradável, que quase todo entretenimento traz consigo, e que os escritores imitam quase inconscientemente. Ainda menos com o engano mais consciente proferido da tribuna, com os meios artificiais da retórica. Schopenhauer, contudo, fala consigo mesmo. Ou, caso se queira pensar completamente num ouvinte, que se pense no filho, instruído pelo pai. Causa uma impressão leal, forte e benévola falar a um ouvinte que ouve com amor. Faltam-nos tais escritores. O intenso sentimento de bem-estar do falante envolve-nos já no primeiro tom de sua voz. Ocorre-nos algo semelhante à entrada numa floresta, nós respiramos profundamente e nos sentimos logo bem. Nós sentimos ali sempre um vento revigorante, certa ingenuidade e naturalidade, que só os homens têm, de sentirem-se senhores em casa, na verdade, numa casa muito rica; em contraposição aos escritores, que quase sempre se maravilham de si mesmos, caso eles sejam alguma vez espirituosos e sua exposição tenha, por meio disso, algo de inquietante e antinatural. Tampouco lembramos do erudito, quando Schopenhauer fala do erudito que por natureza tem membros rijos e não exercitados; é de coração apertado e por isso rude, vindo então a embaraçar-se e a estender-se. Enquanto a alma de Schopenhauer, por outro lado, rude e um pouco parecida com a de um urso, nem sente falta nem ensina a desdenhar da maleabilidade e graça palaciana dos bons escritores franceses, e ninguém descobrirá nele o francesismo aparente, imitado e logo recoberto de brilho, sobre o qual fazem muito bem os escritores alemães. A expressão de Schopenhauer me lembra um pouco Goethe, mas não os modelos alemães em geral. Pois ele sabe dizer o que é profundo de modo simples, o que é comovedor sem retórica, o estritamente científico sem pedantismo. De quais alemães poderia ele aprender isso? Também ele se exime do maneirismo sutil, excessivamente ágil e – com permissão da palavra – um tanto não alemão, de Lessing. O que é um grande favor, pois Lessing, em relação à apresentação prosaica, é entre os alemães o autor mais sedutor. E para dizer logo o mais elevado de sua forma de apresentação, que eu posso dizer, refiro-me à sua sentença: "Um filósofo tem de ser muito honesto, para não se servir de nenhum recurso poético ou retórico." O fato de a honestidade ser algo, e até mesmo uma virtude, na época das opiniões públicas, pertence na verdade às opiniões privadas, as quais são proibidas. Por isso, não terei elogiado, mas apenas caracterizado Schopenhauer, quando repito: ele é honesto também como escritor. Poucos escritores são assim, de modo que se deveria desconfiar de todos os homens que escrevem. No que tange à honestidade, sei somente de um escritor, a quem eu comparo a Schopenhauer, e ponho ainda mais alto: é Montaigne. O fato de tal homem ter escrito aumentou verdadeiramente o prazer de viver sobre esta Terra. A mim pelo menos assim sucede, desde que travei conhecimento com esta alma, a mais livre e forte, que devo dizer o que ele falou de Plutarco: "mal lancei um olhar a ele, e cresceu em mim uma perna ou uma asa". Gostaria de deter-me junto a ele, se fosse posta a tarefa, de sentir-se em casa, sobre a Terra.

Schopenhauer tem ainda em comum com Montaigne uma segunda propriedade, além da honestidade: uma serenidade efetiva que alegra (*eine wirkliche erheiternde Heiterkeit*). *Aliis laetus, sibi sapiens*[5]. Há duas espécies distintas de serenidade. O verdadeiro pensador alegra e alivia sempre, quando ele exprime sua seriedade ou seus gracejos, ou quando ele expressa seu discernimento humano ou sua indulgência divina. Sem gestos rabugentos, mãos trementes, olhos que se desfazem em lágrimas, mas com segurança e simplicidade, com ânimo e força, talvez com algo de cavalheiresco e duro, mas em todo caso como um vencedor. E

---

5. Alegre com os outros, sábio comigo.

é justamente isto o que agrada mais profunda e intimamente: ver o deus vencedor ao lado de todos os monstros que ele combateu. Em contrapartida, a serenidade que se encontra por vezes em escritores medianos e em pensadores concisos empobrece-nos com sua leitura, como eu senti, por exemplo, na serenidade de David Strauss. Envergonhamo-nos normalmente de ter tais contemporâneos serenos, pois eles expõem o tempo e a nós mesmos às gerações futuras. Tais seres serenos não veem bem os sofrimentos e monstros que eles pretendem ver e combater como pensadores. Por isso, sua serenidade nos causa desgosto, pois ela engana. Ela quer seduzir à crença de que aqui teria sido combatido até a vitória. No fundo, há somente serenidade onde há vitória. E isso vale tanto em relação às obras dos verdadeiros pensadores quanto a qualquer obra de arte. Possa o conteúdo ser tão assustador e sério quanto o problema da existência. A obra só terá efeito opressor e atormentador quando o semipensador e o semiartista tiverem espalhado o fumo de sua insuficiência. Ao passo que ao homem não pode ser oferecido nada melhor e mais alegre do que estar próximo de um daqueles vencedores, que, por terem pensado o mais profundo, têm de amar justamente o mais vivo[6] e, como sábios, tendem enfim ao belo. Eles falam realmente, não balbuciam e também não tagarelam; eles se movem e vivem realmente, não tão sinistra-

---

6. Alusão ao verso do poema *Sokrates und Alcibíades*, de Hölderlin: "Wer das Tiefste gedacht, liebt das Lebendigste". Cf. Hölderlin, F. *Sämtliche Werke und Briefe. 1. Gedichte*. Ed. por Günter Mieth. 2. ed. Berlim: Aufbau Verlag, 1995, p. 329.

mente mascarados, como aliás os homens vivem. Por essa razão, faz-nos bem de fato estar em sua proximidade, de modo humano e natural, e nós gostaríamos de exclamar como Goethe: "Que coisa esplêndida e prazerosa é, pois, um vivente! Quão comedido em seu estado, como é verdadeiro e existente!"[7]

Descrevo somente a primeira impressão fisiológica que Schopenhauer provocou em mim, aquela difusão mágica da força mais íntima de um rebento da natureza para outro, que segue do primeiro e mais leve contato. Quando decomponho posteriormente aquela impressão, vejo-a misturada com três elementos, com a impressão de sua honestidade, com a sua serenidade e com a sua constância. Ele é honesto, porque fala e escreve por si mesmo e para si mesmo; sereno, porque venceu o mais pesado através do pensamento; e constante, porque ele assim deve ser. Sua força aumenta como uma chama na calmaria, reto e leve para cima, firme, sem tremores e inquietações. Ele encontra seu caminho em todo caso, sem que nós percebamos que ele o tinha procurado. Mas, como que forçado por uma lei da gravidade, ele sai dali, tão firme e ágil, inevitavelmente. E quem já sentiu o que quer dizer em nossa humanidade miscigenada[8] da atualidade, encontrar um ser natural inteiro, em uníssono, que se move e pende em seus próprios gonzos, livre e desimpedido, este compreenderá minha felicidade e admiração, quan-

---

7. Goethe, *Tagebuch der italienischen Reise* IV, 9 de outubro de 1786.

8. No original, *"Tragelaphen-Menschheit"*. Tragélafos são animais lendários, meio bodes, meio cervos.

do encontrei Schopenhauer. Pressentia ter encontrado nele o educador e filósofo que eu procurava havia muito. Na verdade, somente enquanto livro: isso foi uma grande falta. Quanto mais me esforçava por ver através do livro e representava a mim mesmo o homem vivo, cujo testamento eu tinha de ler, o qual prometia fazer seus herdeiros somente aqueles que podiam e queriam ser nada mais que seus leitores, a saber, seus filhos e pupilos.

3

Importo-me tanto mais por um filósofo quanto mais ele está em condições de dar exemplo. Não há nenhuma dúvida que ele possa, através do exemplo, atrair para si povos inteiros. A história da Índia, que é quase a história da filosofia hindu, demonstra isso. Mas o exemplo deve ser dado através da vida visível, e não apenas por meio de livros, portanto, como ensinavam os filósofos gregos, mais através dos gestos, da posição, vestimenta, alimentação, do que através da fala e da escrita. O quanto nos falta ainda na Alemanha para essa visibilidade corajosa da vida filosófica! Os corpos se libertam ali bem gradualmente, enquanto as mentes parecem libertas há muito. É somente um delírio pensar que uma mente (*Geist*) seja livre e independente se essa incomensurabilidade atingida – que no fundo é autolimitação criadora – não é novamente demonstrada desde a manhã até a noite, em cada olhar e a cada passo. Kant firmou-se na universidade, submeteu-se aos governos, permaneceu na aparência de uma crença religiosa, suportou isso entre colegas e estudantes. Assim, é natural que seu exemplo tenha produzido sobretudo professores de universidade e filosofia de professores. Schopenhauer faz pouco-caso das castas eruditas, separa-se delas, aspira por independência do Estado e da sociedade – esse é seu exemplo, seu modelo – para partir daqui do mais extremo. Ainda são desconhecidos dos alemães muitos graus na libertação da vida filosófica, mas não poderão ficar assim para sempre. Nossos artistas vivem de modo audaz e honrado. E o exemplo mais forte, que podemos ver diante de nós, o de Richard Wagner, mostra como o gênio (*der Genius*) não deve temer entrar na contradição mais hostil em relação a formas e ordenações existentes quando ele quer trazer à luz a ordenação e a verdade superiores, que vivem nele. Mas a "verdade" de que nossos professores tanto falam parece ser de fato o ente mais despretensioso, do qual não se deve temer nada de desordem ou fora da ordem: uma criatura acomodada e agradável, a qual sempre de novo assegura, face a todas as violências existentes, que ninguém deveria incomodar-se por causa delas. Dever-se-ia ser somente "ciência pura". Quero dizer, portanto, que a filosofia na Alemanha desaprendeu mais e mais a ser "ciência pura": e que seja esse justamente o exemplo do homem Schopenhauer.

Mas é um milagre que ele tenha crescido até se tornar esse exemplo humano. Pois ele foi impelido, de dentro e de fora, pelos perigos mais descomunais, através dos quais qualquer criatura mais fraca seria esmagada ou despedaçada. Havia, como me parece, uma forte probabilidade de que o homem Schopenhauer viesse a sucumbir, para deixar para trás, como resto, no melhor dos casos, "ciência pura". Mas também isso somente no melhor dos casos; com a maior probabilidade, não restariam nem homem nem ciência.

Recentemente, um inglês[9] descreveu o maior perigo para os homens extraordinários que vivem numa sociedade presa ao habitual, qual seja: "tais caracteres estranhos são dobrados no início, então se tornam melancólicos, depois adoecem e por fim morrem. Um Shelley não poderia ter vivido na Inglaterra, e uma raça de Shelley deveria ter sido impossível". Nossos Hölderlin e Kleist, e quem mais não se arruinou por causa de seu caráter insólito, não aguentaram o clima da assim chamada educação alemã. Somente conseguiram resistir naturezas de bronze, como Beethoven, Goethe, Schopenhauer e Wagner. Mas também neles mostra-se o efeito da luta e convulsão mais fatigantes em muitos traços e rugas: sua respiração fica mais pesada e o tom de voz facilmente se torna demasiado veemente. Aquele diplomata exercitado, que Goethe apenas tinha observado, e com quem havia falado, dizia a seus amigos: *"Voilà un homme, qui a eu de grands chagrins!"*[10] – Goethe assim verteu ao alemão: *"das ist auch einer, der sich's hat sauer werden lassen!"*[11]. E prossegue: "Se não se pode

---

9. Jörg Salaquarda identificou, no artigo "Der unmögliche Shelley" (*Nietzsche-Studien* 8. Berlim, 1979, pp. 396 ss.), esse "inglês": trata-se do jornalista e ensaísta Walter Bagehot.

10. Esse é um homem que teve grandes desgostos.

11. Esse é mais um daqueles que tiveram de amargurar-se!

agora apagar de nosso rosto as marcas do sofrimento sobressalente, da atividade realizada, não é de admirar se tudo o que restar de nós e de nossa aspiração levar essa mesma marca". Esse é Goethe, para quem nossos filisteus da cultura apontam como o alemão mais feliz, para comprovar com isso a sentença de que deveria ser possível tornar-se feliz entre eles – com o pensamento oculto de que ninguém seria perdoado, caso se sentisse infeliz e solitário entre eles. Por isso eles propuseram e elucidaram praticamente, até mesmo com grande crueldade, a tese de que em todo isolamento sempre há uma culpa secreta. Assim, o pobre Schopenhauer também tinha uma culpa secreta no coração, a saber, de estimar sua filosofia mais do que seus contemporâneos. Por isso ele era tão infeliz, sabendo justamente por meio de Goethe que ele tinha a qualquer custo de defender sua filosofia da desconsideração de seus contemporâneos, para salvar sua existência. Há pois, segundo o juízo de Goethe, uma espécie de censura inquisitorial, levada adiante pelos alemães, qual seja, o silêncio inviolável. E pelo menos já atingiu-se tanto através disso que a maior parte da primeira edição de sua obra capital precisou ser impressa em maculatura. O perigo ameaçador de que seu grande feito simplesmente fosse de novo desfeito pela desconsideração, provocou-lhe uma terrível inquietação, difícil de conter. Não apareceu nenhum discípulo significativo. Ficamos tristes vendo-o procurar por qualquer vestígio de seu reconhecimento. E seu triunfo por fim alto e ruidoso, pelo fato de que agora ele é realmente lido (*"legor et legar*"[12]), tem algo de doloroso e comovedor. Justamente aqueles traços, nos quais ele não deixava perceber a dignidade do filósofo, mostram o homem sofredor, que teme por seus bens mais nobres. Assim, atormentava-o a preocupação de perder seus poucos bens e talvez não poder mais assegurar sua pura e autêntica posição antiga em relação à filosofia. Assim ele se enganava com frequência na sua aspiração por homens inteiramente confiáveis e compassivos e retornava sempre de novo com um olhar melancólico para seu fiel cão. Ele era completamente eremita. Nenhum amigo de fato unissonante consolava-o – e entre alguém e ninguém há aqui, como sempre ocorre entre mim e nada[13], uma infinitude. Ninguém que tenha amigos autênticos sabe o que é a solidão verdadeira; é como se ele tivesse também o mundo todo ao seu redor como adversário. – Ah! eu noto bem, vocês não sabem o que é isolamento. Onde existiram poderosas sociedades, governos, religiões, opiniões públicas, em suma, onde houve alguma tirania, ali o filósofo solitário foi por ela odiado. Pois a filosofia oferece um asilo ao homem, para onde nenhuma tirania pode penetrar, a caverna da imanência, o labirinto do peito: e isso irrita os tiranos. Lá se escondem os solitários: mas lá também mora o maior perigo dos solitários. Esses homens, que refugiaram sua liberdade no interior, precisam também viver na exterioridade, tornar-se visíveis, deixar-se ver. Eles estão em incontáveis relações humanas através do

---

12. Sou lido e serei lido.
13. No original, *"zwischen ichts und nichts"*.

nascimento, morada, educação, pátria, acaso e impertinência dos outros. Em todo caso, pressupõe-se neles um sem-número de opiniões, simplesmente porque elas são dominantes. Todo gesto que não nega vale como consentimento; todo movimento de mão que não destroça é interpretado como aprovação. Eles sabem, esses solitários e livres no espírito, que, onde quer que estejam, eles incessantemente parecem de modo diferente do que pensam. Enquanto eles nada mais querem a não ser verdade e honestidade, tece-se em torno deles uma rede de mal-entendidos. E seu desejo veemente não pode impedir que permaneça sobre seu agir uma névoa de falsas opiniões, de acomodação, de meios consentimentos, de silêncio cuidadoso, de interpretação errônea. Isso tudo junta uma nuvem de melancolia sobre sua cabeça. Tais naturezas odeiam mais que a morte o fato de ser necessário parecer. E tal amargor duradouro torna-as vulcânicas e ameaçadoras. De tempos em tempos vingam-se de seu virulento esconder-se, de sua discrição forçada. Eles saem de sua caverna com gestos pavorosos; suas palavras e ações são, assim, explosões, e é possível que eles sucumbam por si mesmos. De modo tão perigoso vivia Schopenhauer. Justamente tais solitários necessitam de amor, precisam de companheiros, diante dos quais eles têm de se abrir e ser simples como diante de si mesmos, em cuja companhia cessa a convulsão do silêncio e da dissimulação. Tirai esses companheiros e engendrareis um perigo crescente. Heinrich von Kleist sucumbiu por essa falta de amor; e é o antídoto mais terrível para homens extraordinários, empurrá-los de modo tão profundo para dentro de si mesmos que seu retorno será toda vez uma irrupção vulcânica. Pois há sempre de novo um semideus que suporta viver em condições tão terríveis – viver vitoriosamente. Se quereis ouvir seus cantos solitários, então ouçais a música de Beethoven.

Esse foi o primeiro perigo, à sombra do qual cresceu Schopenhauer: isolamento. O segundo é: desespero da verdade. Esse perigo acompanha todo pensador que enceta seu caminho desde a filosofia kantiana, pressuposto que ele seja um homem forte e íntegro no sofrer e desejar, e não apenas uma máquina matraqueadora de pensar e calcular. Mas agora nós todos sabemos bem o que há de vergonhoso precisamente nessa pressuposição. Parece-me que somente em pouquíssimos homens Kant atuou vivamente e transformou sangue e humores. Do feito deste quieto erudito, como se pode ler em toda parte, deve irromper uma revolução em todos os âmbitos espirituais; mas não posso acreditar nisso. Pois não vejo isso claramente em homens que deveriam primeiramente ser eles próprios revolucionados, antes que algum outro âmbito inteiro pudesse sê-lo. Mas, tão logo Kant puder começar a exercer um efeito popular, perceberemos isso na forma de um corrosivo e despedaçador ceticismo e relativismo; e apenas nos espíritos mais ativos e nobres, que nunca permaneceram na dúvida, surgiria no seu lugar aquele abalo e desespero de toda verdade, como, por exemplo, Heinrich von Kleist vivenciou enquanto efeito da filosofia kantiana. "Há pouco", escreveu ele certa vez, de modo envolvente, "travei conhecimento com a filosofia kantiana – e a partir dela devo agora expressar um pensamento, visto que não devo temer que ele te abalará tão profunda, tão dolorosamente quanto a mim. – Nós não podemos decidir se o que chamamos de verdade é verdadeiramente verdade ou se isso somente parece-nos assim. Caso seja esse último, então a verdade que nós juntamos aqui nada mais é depois da morte, e é vão todo esforço de adquirir uma posse que nos siga ainda no túmulo. – Se o aguilhão desse pensamento não atinge teu coração, então não rias de outro, que se sente profundamente ferido por ele no seu íntimo mais sagrado. Meu único, meu supremo alvo afundou-se, e eu não tenho mais nenhum."[14] Quando sentirão novamente os homens de modo kleistiano e natural, quando reaprenderão a medir o sentido de uma filosofia em seu "íntimo mais sagrado"? E isso é, pois, necessário para avaliar o que pode ser depois de Kant, para nós, precisamente Schopenhauer – a saber, o guia que nos conduzirá da caverna do desânimo cético ou da renúncia crítica à altura da consideração trágica, ao infindo céu noturno, com suas estrelas sobre nós, ele que conduziu a si mesmo, como o primeiro, por esse caminho. A sua grandeza consiste em ter-se posto diante da imagem da vida como um todo, para poder interpretá-la como todo, enquanto as cabeças mais sagazes não se podem libertar do erro de achar que se está mais próximo dessa interpretação quando se analisam penosamente as cores e o estofo com que essa imagem é pintada. Talvez com o resultado de que seria

---

14. Carta de Heinrich von Kleist a Wilhelmine e Ulrike, de 22 e 23 de março de 1801.

uma tela tramada de modo completamente intrincado, sobre a qual estão cores quimicamente insondáveis. É preciso adivinhar o pintor para entender a imagem, – disso Schopenhauer sabia. Mas agora a corporação inteira de todas as ciências está empenhada em compreender aquela tela e aquelas cores, mas não a imagem. Sim, pode-se dizer que somente aquele que captou firmemente no olhar o quadro geral da vida e da existência se servirá das ciências particulares sem prejuízo próprio, pois sem essa imagem reguladora de conjunto elas são fios, que de modo algum conduzem até o final e tornam o curso de nossa vida ainda mais confuso e labiríntico. Como foi dito, a grandeza de Schopenhauer está em que ele seguiu aquela imagem, como Hamlet seguiu o espírito, sem deixar-se abalar, como fazem os eruditos, ou ficar emaranhado numa escolástica conceitual, como é o destino dos dialéticos indômitos. O estudo de todos os filósofos de compartimento somente é atrativo para reconhecer que eles chegam imediatamente aos locais de construção de grandes filosofias, onde são permitidos o erudito pró e contra, o cismar, o duvidar, o contradizer, de modo que, através disso, priva-se da exigência de toda grande filosofia, a qual, como todo, diz sempre somente: esta é a imagem da vida inteira, aprende dela o sentido de tua vida. E ao inverso: lê apenas tua vida e entende a partir dela os hieróglifos da vida universal. E assim deve também ser sempre interpretada a filosofia de Schopenhauer: individualmente, do indivíduo só consigo mesmo, para ter discernimento da própria miséria e necessidade, para ganhar com a própria delimitação, para saber quais são os antídotos e os consolos, quais sejam, o sacrifício de si, a submissão às mais nobres intenções, sobretudo à justiça e ao compadecimento. Ele nos ensina a distinguir entre exigências reais e aparentes da felicidade humana. De modo que nem enriquecer, nem ser honrado ou erudito, pode soerguer o indivíduo singular de sua profunda repulsão em relação à ausência de valor de sua existência, haja vista que a aspiração por esses bens só tem sentido através de um objetivo transfigurador total. Conseguir poder para, através dele, auxiliar a *physis* e para ser um corretor de suas maluquices e inabilidades. Em primeiro lugar, para si mesmo; mas através de si, para todos. É de fato uma aspiração que conduz profunda e efusivamente à resignação, pois o que e quantos podem ainda ser melhorados, no particular e no geral!

Apliquemos essas palavras a Schopenhauer, então tocaremos no terceiro e mais próprio perigo, em que ele viveu e que permaneceu oculto na construção inteira e no esqueleto de seu ser. Todo homem busca encontrar em si uma delimitação, de seus dotes assim como de sua vontade moral, os quais enchem-no de nostalgia e melancolia; e como ele aspirou, desde o sentimento de sua pecaminosidade, pelo santo; ele porta em si, assim, como ser intelectual, uma profunda aspiração ao gênio. Aqui está a raiz de toda verdadeira cultura, e se eu entendo por esta a aspiração dos homens, de *renascer* como santo e como gênio, então sei que não se tem necessidade de ser budista para entender esse mito. Repulsa-nos e enoja-nos quando encontramos talento sem aquela aspiração no círculo dos eruditos ou também nos assim chamados cultos. Pois pressentimos que tais homens, com todo seu espírito, não promovem, mas impedem uma cultura vindoura e a geração do gênio – ou seja, a meta de toda cultura. É o estado de endurecimento, com o mesmo valor que aquela virtude em conformidade com o hábito, fria e orgulhosa de si mesma, a qual está o mais afastado possível, e permanece distante, da verdadeira santidade. A natureza de Schopenhauer continha, então, uma duplicidade rara e altamente perigosa. Poucos pensadores sentiram em tal medida e com incomparável determinação o gênio tecendo neles; e seu gênio prometeu-lhe o mais excelso – que não haveria nenhum sulco mais profundo do que aquele rasgado pelo seu arado no solo da humanidade recente. Ele soube, assim, satisfazer e saciar uma metade de seu ser, sem cobiça, certo de sua força; assim ele portou-se em sua vocação com grandeza e dignidade, como perfeito vitorioso. Na outra metade vivia uma aspiração impetuosa; nós a compreendemos quando ouvimos que ele se voltava, com olhar doloroso, para a imagem do grande fundador de *La Trappe*, Rancé[15], com as palavras: "isso é coisa da graça". Pois o gênio aspira profundamente por santidade, visto que ele olhou como nenhum outro homem, desde seu posto, ampla e claramente, para baixo, na reconciliação do conhecer com o Ser; para den-

---

15. Armand Jean le Bouthillier Rancé (1626-1700). De origem nobre, Rancé retirou-se do clero secular para a abadia cisterciense francesa de La Trappe. Como monge cisterciense, fundou em 1664 a ordem dos trapistas, impondo uma disciplina monástica ainda mais rigorosa que a dos beneditinos.

tro, no reino da paz e da vontade negadora; para além, em direção da outra costa, de que falavam os indianos. Mas justamente aqui está o milagre: quão incompreensivelmente por inteiro e inquebrantável teve Schopenhauer de ser natureza, para que ele não fosse também destruído, tampouco endurecido, por essa aspiração. O que isso significa, cada um entenderá à medida do que e como ele próprio é; mas em sua totalidade, em toda sua importância, nenhum de nós entenderá.

Quanto mais se reflete sobre os três perigos descritos, tão mais estranho parece o vigor com que Schopenhauer se defendia deles, e quão saudável ele saiu dessa batalha. Na verdade, também com muitas cicatrizes e feridas abertas, e numa disposição que talvez pareça algo de muito rude, por vezes também demasiado belicosa. Seu ideal próprio eleva-se também por sobre o maior dos homens. Schopenhauer pode ser um modelo, apesar de todas aquelas cicatrizes e manchas. Sim, poder-se-ia dizer: o que em seu ser era imperfeito e demasiado humano, conduz-nos à sua proximidade, precisamente, no sentido mais humano, pois nós o vemos como sofredor e companheiro de sofrimento, e não somente na altura desdenhosa do gênio.

Aqueles três perigos constitutivos que ameaçavam Schopenhauer ameaçam a nós todos. Todo homem traz consigo um caráter único produtivo, como o âmago do seu ser; e, quando ele toma consciência dessa singularidade, difunde-se ao seu redor um brilho estranho, insólito. Isso é algo de insuportável para a maioria, porque, como foi dito, eles são preguiçosos e porque aquela singularidade depende de uma cadeia de esforços e fardos. Não há dúvida de que para o extraordinário, que se prende a essa cadeia, a vida sacrifica quase tudo pelo que se anela na juventude: serenidade, segurança, leveza, honra. O quinhão do isolamento é o presente que lhe dão as pessoas próximas; o deserto e a caverna estão logo ali, ele pode viver onde quiser. Agora ele percebe que não se deixou subjugar, que não é oprimido nem se torna melancólico. E por isso ele pode acercar-se das figuras dos bons e valentes lutadores, como o próprio Schopenhauer o foi. Mas também o segundo perigo que ameaçava Schopenhauer não é totalmente raro. Aqui e ali aparece alguém que a natureza arma com olhar aguçado, seus pensamentos seguem de bom grado pela dupla senda dialética, caso ele solte descuidadamente as rédeas de seu talento, de modo que ele sucumba como homem e leve tão somente uma vida de fantasma na "ciência pura". Ou de tal forma que, acostumado a procurar nas coisas o pró e o contra, ele se perca no caminho da verdade, tendo assim que viver sem coragem e confiança, negando, duvidando, corroído, insatisfeito, com esperança pela metade, na expectativa da desilusão: "Nem sequer um cão poderia continuar vivendo assim!"[16] O terceiro perigo é o endurecimento, tanto no sentido moral quanto intelectual. O homem rompe o vínculo que o ligava a seu ideal; ele cessa de ser produtivo, de propagar-se nesse ou naquele domínio; ele se torna fraco ou inútil no sentido da cultura. A singularidade de sua natureza

---

16. Goethe, Johann Wolfgang von. *Faust. Ein Fragment*. Leipzig: Göschen, 1790.

transforma-se num átomo indivisível, incomunicável, numa rocha gélida. Por isso, alguém pode arruinar-se por causa dessa singularidade, assim como pelo temor dessa singularidade, em si mesmo ou no abandono de si mesmo, na nostalgia e no endurecimento: pois viver, em geral, significa estar em perigo.

Além dos perigos de sua constituição inteira, aos quais Schopenhauer estaria exposto em qualquer século em que tivesse vivido – há ainda perigos que se acercam dele desde seu *tempo*. Essa distinção entre perigos constitutivos e perigos temporais é essencial para compreender o aspecto modelar e educativo da natureza de Schopenhauer. Pensemos no olho do filósofo repousando sobre a existência: ele quer fixar novamente seu valor. Pois este tem sido o trabalho próprio de todos os grandes pensadores: ser legisladores da medida, do cunho e do peso das coisas. Como deve ser embaraçoso a ele quando a humanidade, que ele por ora vê, é precisamente um fruto devorado por vermes! O quanto ele deve acrescentar à infâmia da época atual, para ser justo com a existência em geral! Se a ocupação com a história de povos passados e estranhos é valiosa, ela o é quase sempre para o filósofo que quer proferir um juízo acertado sobre o destino inteiro do homem, mas, principalmente, sobre o destino supremo, que pode caber a homens especiais ou a povos inteiros. Mas toda a época atual é impertinente, ela determina e atua sobre o olho, mesmo quando o filósofo não o quer. Involuntariamente, no cálculo total, ela é taxada muito alta. Por isso, o filósofo deve antes avaliar seu tempo em comparação com outros e, na medida em que supera a época atual para si, ele também a supera por meio da imagem que fornece da vida, ou seja, torna-a imperceptível e como que retocada. Essa é uma tarefa complicada, de difícil solução. O juízo dos filósofos antigos sobre o valor da existência significa tanto mais que um juízo moderno porque eles tinham diante de si e em torno de si a vida mesma, numa perfeição exuberante, e porque neles o sentimento do pensador não se confunde, como ocorre conosco, no dilema entre o desejo de liberdade, beleza e grandeza da vida e o impulso à verdade, que pergunta somente: qual é o valor da existência em geral? É importante por todos os tempos saber o que Empédocles disse acerca da existência, em meio ao mais vigoroso e excessivo prazer de viver da cultura grega. Seu juízo pesa muito, sobretudo porque não é contradito por nenhum outro juízo contrário de qualquer outro grande filósofo da mesma grandiosa época. Ele fala do modo mais claro, ainda que no fundo – quando se abrem um pouco os ouvidos – eles todos digam o mesmo. Um pensador moderno, como foi dito, sofrerá sempre de um desejo não realizado: ele exigirá que se lhe mostre, antes de tudo, a vida, a verdadeira, rubra e saudável vida, para que ele então profira sua sentença sobre ela. Pelo menos para si mesmo, ele achará necessário ser um homem vivo, antes de acreditar que pode ser um juiz justo. Essa é a razão pela qual os filósofos recentes são tidos como os mais poderosos fomentadores da vida, da vontade de vida; e, por causa disso, eles anseiam por sair de seu próprio tempo extenuado para uma cultura, para uma *physis* transfigurada. Mas esse anseio é também seu *perigo*: neles lutam o reformador da vida e o filósofo, ou seja, o juiz da vida. Onde quer que a vitória se incline, trata-se de uma vitória que encerra em si uma perda. E como escapou também Schopenhauer desse perigo?

Se todo grande homem é visto de preferência como o filho autêntico de sua época e, em todo caso, sofre mais forte e sensivelmente, em todos os seus defeitos, que todos os homens inferiores, então, a luta desse grande homem contra sua época é na aparência somente uma luta absurda e destrutiva contra si mesmo. Mas somente na aparência, pois nela ele combate o que o impede de ser grande; isso para ele significa apenas: o que o impede de ser livre e totalmente ele mesmo. Disso se segue que no fundo sua inimizade é dirigida contra o que está de fato nele mesmo, mas que não é propriamente ele mesmo, a saber, contra a impura mistura e justaposição do não misturável e eternamente desunido, contra a falsa solda da contemporaneidade em sua extemporaneidade; e, por fim, o pretenso filho da época se revela somente seu *enteado*. Assim, Schopenhauer ansiava, já desde sua incipiente juventude, por opor-se àquela mãe falsa, vaidosa e indigna, o tempo (*die Zeit*)[17], e à medida que a expulsou de si purificou-se e curou-se sua natureza, reencontrando-se na saúde e na pureza que lhe concerniam. Por isso, os escritos de Schopenhauer podem servir de espelho da

---

17. Em alemão, tempo (*die Zeit*) é substantivo feminino.

época. E certamente não está num defeito do espelho, quando nele vê-se somente tudo o que é contemporâneo como uma doença desfiguradora, como magreza e palidez, como olho cavernoso e gestos relaxados, como os sofrimentos reconhecíveis daquela condição de enteado. A aspiração por uma natureza forte, por uma humanidade sadia e simples, era nele uma aspiração por si mesmo; e, assim que ele venceu o tempo em si mesmo, ele teve também de contemplar em si mesmo, com olhar admirado, o gênio. O segredo de sua natureza foi-lhe, então, revelado, malogrou a intenção daquela madrasta, o tempo, de ocultar-lhe este gênio, o reino da *physis* transfigurada foi descoberto. Quando voltava o olho destemido à questão: "o que vale a vida em geral?", ele não tinha mais que condenar um tempo confuso, empalidecido, e sua hipócrita vida obscura. Ele sabia bem que haveria ainda algo mais elevado e mais puro a encontrar e a atingir sobre esta terra do que essa tal vida contemporânea, e que comete uma amarga injustiça à existência todo aquele que a conhece e avalia segundo essa horrível figura. Não, o gênio mesmo é agora invocado para saber se ele, o fruto supremo da vida, pode talvez justificar a vida em geral. O esplêndido homem criador deve responder à pergunta: afirmas tu, do mais profundo do coração, esta existência? Ela te basta? Queres ser seu porta-voz, seu redentor? Pois é suficiente um único sim! verdadeiro, de tua boca – e a vida tão gravemente acusada será libertada. – O que ele responderá? – A resposta de Empédocles.

4

Que essa última indicação permaneça por enquanto sem entendimento: ocorre-me agora algo muito compreensível, a saber, a tarefa de explicar como nós todos podemos educarmo-nos, por meio de Schopenhauer, *contra* o nosso tempo – porque nós temos a vantagem de *conhecer* realmente esse tempo através dele. Se isso for mesmo uma vantagem! Em todo caso, isso já não seria possível alguns séculos mais tarde. Eu me deleito imaginando que logo os homens se fartarão da leitura, e também dos escritores, de modo que o erudito um dia refletirá, fará e ordenará em seu testamento que seu cadáver deverá ser incinerado no meio de seus livros, sobretudo de seus próprios escritos. E se as florestas ficarem sempre mais escassas, não chegará num dia desses o tempo de considerar as bibliotecas como lenha, palha e matagal? Pois a maior parte dos livros foi mesmo parida da fumaça e do vapor das cabeças; eles devem, então, tornar-se novamente fumaça e vapor. E, se eles não tinham nenhum fogo em si, o fogo deve castigá-los por isso. Seria assim possível que num século posterior, talvez, justamente nossa época fosse considerada *saeculum obscurum*, visto que tínhamos aquecido os fornos com seus produtos, do modo mais zeloso e demorado. Quão felizes somos nós, pelo fato de ainda podermos conhecer este tempo. Caso tenha ainda algum sentido ocupar-se com seu tempo, então é em todo caso uma felicidade ocupar-se com ele tão profundamente quanto possível, de modo que não reste a ninguém dúvida alguma. E justamente isso nos concede Schopenhauer.

Na verdade, seria cem vezes maior a felicidade se dessa investigação resultasse que ainda não existiu algo tão cheio de orgulho e esperança como esta época. Há também, nesse momento, em algum canto da Terra, eventualmente na Alemanha, pessoas dispostas a crer, sim, pessoas falando com toda seriedade que em alguns anos o mundo seria corrigido, e que seria refutado pelos "fatos" todo aquele que talvez tenha suas reflexões pesadas e sombrias sobre a existência. Pois a coisa consiste nisto: a fundação do novo Império Alemão[18] seria o golpe decisivo e aniquilador contra todo filosofar "pessimista" – isso não poderia ser menosprezado. – Quem precisamente agora quiser responder à pergunta acerca do que pode significar o filósofo como educador em nosso tempo, este tem de responder àquela visão tão difundida e cultivada, pelo menos na universidade, qual seja, é uma vergonha e um ultraje que possa ser expressa e repetida uma adulação tão nojenta, servidora dos ídolos da época, pelos assim chamados homens pensantes e dignos. Uma prova disso é que não se suspeita mais de como a seriedade da filosofia está afastada da seriedade de um jornal. Esses homens perderam não só o último vestígio de uma atitude filosófica, mas também de uma atitude religiosa, e no lugar disso colocam, além do otimismo, o jornalismo, o espírito e a ausência de espírito do dia

---

18. Trata-se do Segundo Reich, que teve início com a Unificação Alemã, de 1871, comandada por Otto von Bismarck, chanceler da Prússia.

e dos diários de notícias. Toda filosofia que acredita ter afastado ou até mesmo solucionado o problema da existência, por meio de um acontecimento político, é uma filosofia de passatempo e desprezível. Desde que há mundo foram fundados com frequência Estados; essa é uma velha peça. Como poderia bastar uma inovação política para tornar os homens, de uma vez por todas, satisfeitos habitantes da Terra? Mas, se alguém acredita de todo coração que isso é possível, então que se apresente: pois merece de fato tornar-se professor de filosofia numa universidade alemã, como Harms em Berlim, Jürgen Meyer em Bonn e Carrière em Munique.

Experienciamos, contudo, as consequências daquela doutrina pregada agora de todos os tetos, a saber, que o Estado é o alvo supremo da humanidade e que não há para um homem nenhum dever superior do que servir ao Estado. Reconheço nisso não uma recaída no paganismo, mas na imbecilidade. Pode até ser que esse homem, que vê no serviço ao Estado seu dever supremo, não conheça nenhum outro dever superior. Contudo, há ainda, além disso, homens e deveres – e um desses deveres, que ao menos para mim é superior ao serviço do Estado, exige a destruição da imbecilidade em todas as suas formas, portanto também desta imbecilidade. Por isso, ocupo-me agora com uma espécie de homens cuja teleologia aponta um tanto para além do bem-estar do Estado, com os filósofos, e com esses também somente em vista de um mundo totalmente independente: o mundo da cultura (*Cultur*). Dos muitos anéis que, entremeados, constituem a coletividade humana, alguns são de ouro e outros de pechisbeque[19].

Como o filósofo vê agora a cultura em nosso tempo? Na verdade, de modo muito diferente daqueles professores de filosofia satisfeitos com seu Estado. Ocorre-lhe quase como se percebesse os sintomas de um completo extermínio e desenraizamento da cultura, quando ele pensa na pressa geral e na velocidade crescente da queda, no cessar de toda contemplação e simplicidade. As águas da religião refluem e deixam para trás pântanos ou lagos; as nações se dividem novamente com a maior hostilidade e pretendem dilacerar-se. As ciências, exercidas sem nenhuma medida e no mais cego *laisser-faire*, dissipam e dissolvem toda crença firme. As classes instruídas e os Estados são arrastados por uma economia monetária grandiosamente desprezível. Nunca o mundo foi mais mundo; nunca foi mais pobre em amor e bondade. As classes cultas não são mais faróis ou asilos em meio a toda essa inquietude do mundanismo; elas mesmas tornam-se a cada dia mais inquietas, sem pensamento e amor. Tudo serve à barbárie vindoura, inclusive a arte e a ciência atuais. O erudito veio a ser o maior inimigo da cultura, pois ele quer negar a doença geral e é um empecilho aos médicos. Eles se irritam, esses desgraçados enfraquecidos, quando se fala de sua fraqueza e quando se resiste a seu espírito mentiroso e nocivo. Bem que eles gostariam de tornar crível que teriam ganhado o prê-

---

19. No original, *"Tombak"*. Liga de cobre e zinco para produzir uma joia falsa, que imita o ouro.

mio de todos os séculos, e movem-se com jovialidade artificial. Seu modo de fingir ser feliz tem por vezes algo de comovedor, visto que sua felicidade é completamente incompreensível. Não gostaríamos de perguntar a eles como Tannhäuser pergunta a Biterolf: "O que tu, pobretão, fruíste?"[20] Ah, pois nós sabemos isso até mesmo melhor e de modo diverso. Estamos em meio a um dia de inverno, e habitamos nas altas montanhas, perigosamente e na carência. Breve é toda alegria, e pálido todo brilho do sol que se insinua das alvas montanhas para nós. Então ressoa música, um ancião gira um realejo, os dançarinos se movem – ver isso comove o andarilho: tudo é tão selvagem, tão cerrado, tão sem cor, tão sem esperança, e agora ali um som da alegria, da alegria sonora sem pensamentos! Mas já deslizam as névoas do anoitecer, o som ressoa, range o passo do andarilho. Até onde pode ver, ele vê somente a face desolada e cruel da natureza.

Contudo, se fosse unilateral salientar somente a fraqueza das linhas e o embotamento das cores na imagem da vida moderna, a segunda página não é, em todo caso, mais animadora, mas um tanto mais inquietante. Há com certeza forças ali, forças descomunais, mas selvagens, originárias e totalmente desumanas. Olha-se para elas com expectativa receosa, como para um caldeirão de uma cozinha de bruxas, que pode a qualquer momento agitar-se e relampejar, anunciando terríveis aparições. De um século para cá estamos preparados para ruidosas comoções fundamentais; e se

---

20. R. Wagner, *Tannhäuser*, 2º ato, 4ª cena.

recentemente tentou-se abater ou explodir esse pendor moderno mais profundo, e opor-se à força constitutiva do assim chamado Estado nacional, então ele é por muito tempo ainda somente uma ampliação da insegurança e ameaça geral. Não nos desorienta o fato de os indivíduos se comportarem como se eles nada soubessem dessas preocupações: sua inquietação mostra como eles sabem bem disso. Eles pensam em si com uma pressa e exclusividade como nunca ainda os homens pensaram em si, eles constroem e plantam para seu dia, e a caça da felicidade nunca será maior do que quando tem de ser apanhada entre hoje e amanhã: porque talvez depois de amanhã toda e qualquer temporada de caça terá chegado ao fim. Nós vivemos no período dos átomos, do caos atômico. As forças rivais foram relativamente contidas na Idade Média pela Igreja e assimiladas uma à outra, em alguma medida, através da forte pressão que ela exercia. Quando o vínculo se partia, a pressão diminuía, revoltando-se um contra o outro. A Reforma declarou serem muitas coisas indiferentes (*Adiaphora*), domínios que não deveriam ser determinados pelo pensamento religioso. Esse era o preço a pagar, pelo qual ela mesma pôde subsistir: como já o cristianismo, para deter a Antiguidade, muito mais religiosa, defendeu sua existência por um preço semelhante. Desde então, a divisão propagou-se sempre mais amplamente. Agora, quase tudo na Terra é determinado somente pelas forças mais brutas e perversas, pelo egoísmo dos conquistadores e dos dominadores militares violentos. O Estado, nas mãos desses últimos, tenta reorganizar tudo a partir de si mesmo, e ser o vínculo e a pressão para todas aquelas forças rivais, do mesmo modo que o egoísmo dos conquistadores. Ou seja, ele deseja que os homens pratiquem com ele a mesma idolatria que eles praticaram com a Igreja. Com que resultado? Nós vivenciaremos isso ainda. Em todo caso, encontramo-nos agora ainda na gélida corrente impulsora da Idade Média. Ela começou a derreter, em movimento violento e devastador. Blocos de gelo colidem com blocos de gelo, todas as margens transbordaram e apresentam perigo. Essa revolução atomista não pode ser evitada. Mas quais são os ínfimos elementos básicos indivisíveis da sociedade humana?

Não há dúvida de que na aproximação de tais períodos o Humano está quase mais em perigo do que durante o desmoronamento e o turbilhão caótico mesmo, e de que a expectativa angustiante e a exploração ávida de cada minuto conclamam toda a covardia e todos os impulsos egoístas da alma. Ao passo que a penúria real e, particularmente, a generalidade de uma grande penúria cuidam de melhorar e acalentar os homens. Quem se dedicaria agora, nesses perigos de nossa época, ao cavalheirismo e à vigilância da *humanidade*, da relíquia intocável do templo sagrado, que as mais distintas gerações aos poucos juntaram? Quem restabelecerá a *imagem do homem*, enquanto todos sentem em si somente o verme egoísta e o medo servil e renegaram de tal modo aquela imagem, decaindo no animalesco ou até mesmo na fixidez mecânica?

Há três imagens de homem, que nosso tempo apresentou sucessivamente, e de cuja visão os mortais tomarão ainda por um bom tempo o impulso para a transfiguração de sua própria vida. Trata-se do homem de Rousseau, do homem de Goethe e, por fim, do homem de Schopenhauer. Das três imagens, a primeira tem o fogo mais vivo e exerceu com certeza o efeito mais popular; a segunda foi feita somente para poucos, ou seja, para os que são naturezas contemplativas em grande estilo e são mal compreendidos pela maioria. A terceira exige os homens mais ativos como seus observadores. Somente esses últimos verão sem prejuízos, pois os contemplativos relaxam e isso assusta a massa. Do primeiro surge uma força que impelia e ainda impele para violentas revoluções. Pois em todos os estremecimentos e terremotos socialistas é sempre o homem de Rousseau que move, de modo semelhante ao velho Tífon[21] sob o Etna. Oprimido e meio esmagado por castas soberbas, por riqueza desapiedada, arruinado por sacerdotes e má-educação e envergonhado diante de si mesmo por costumes cômicos, o homem brada em sua penúria pela "natureza sagrada", e sente de súbito que ela está tão afastada dele como qualquer deus epicurista. Suas preces não a alcançam, tão profundamente ele mergulhou no caos da contranatureza. Ele joga fora com escárnio todos os adornos, que pouco antes lhe pareciam seus traços mais humanos, suas artes e ciências, as vantagens de sua vida refinada. Ele bate com o peito contra os muros; em tal crepúsculo

---

21. Na mitologia grega, Tífon é um monstro terrível, um ser híbrido (meio homem e meio monstro), filho mais novo de Gaia e de Tártaro. Após ter atacado o céu, Zeus inicialmente fere, mas depois esmaga Tífon sob o monte Etna. Cf. Gama Kury, Mário da. *Dicionário de mitologia grega e romana*. Rio de Janeiro: Jorge Zahar, 1994.

ele está tão degenerado, e grita por luz, sol, mata e rochedo. E, quando ele brada: "somente a natureza é boa, somente o homem natural é humano", ele despreza assim a si e aspira a ir além de si mesmo: uma disposição em que a alma está pronta para decisões terríveis, mas também faz emergir o mais nobre e mais raro de suas profundezas.

O homem de Goethe não é nenhum poder ameaçador, mas num certo entendimento ele é até mesmo o corretivo e calmante justamente para aquelas agitações perigosas, às quais o homem de Rousseau fora jogado. O próprio Goethe, em sua juventude, tinha um pendor para o evangelho da boa natureza, com todo o seu coração, pleno de amor. Seu *Fausto* foi o retrato mais elevado e ousado do homem de Rousseau, ao menos podia apresentar de modo amplo o apetite irresistível pela vida, sua insatisfação e aspiração, suas relações com os demônios do coração. Que se olhe agora para o que surge de todas essas nuvens acumuladas – certamente nenhum relâmpago! E aqui mesmo se revela a nova imagem do homem, do homem goethiano. Dever-se-ia pensar que Fausto seria conduzido pela vida repleta de aflições, como revoltoso e libertador, como a força negadora por bondade, como o gênio próprio da revolta, ao mesmo tempo religioso e demoníaco, em oposição a seu acompanhante, de todo não demoníaco, caso ele já não se tenha livrado desse acompanhante e precise, ao mesmo tempo, utilizar e desprezar sua malícia e negação céticas – como é o destino de todo o revoltoso e libertador. Mas enganamo-nos quando esperamos algo semelhante. O homem de Goethe se afasta aqui do homem de Rousseau; pois ele odeia tudo o que é violento, todo salto – a saber, toda ação. E assim o libertador mundial torna-se logo um viajante pelo mundo. Todos os reinos da vida e da natureza, todos os passados, artes, mitologias, todas as ciências veem o observador planar por cima deles, o mais profundo desejo é estimulado e acalentado, mesmo Helena não o detém por mais tempo – e agora deve chegar o momento no qual espreita seu acompanhante escarnecedor. O voo acaba num lugar qualquer da Terra, as asas caem, Mefistófeles estende a mão. Quando o alemão para de ser Fausto, não há nenhum perigo maior do que tornar-se um filisteu e sucumbir ao diabo – somente os poderes celestiais podem salvá-lo disso. O homem de Goethe, como foi dito, é o homem contemplador em estilo superior, e somente por isso não definha na Terra, de forma que ele junta para sua alimentação tudo o que é grandioso e digno de ser pensado, que já existiu e ainda existe, e vive de tal modo como se houvesse apenas uma vida de apetite para apetite. Ele não é o homem ativo; ao contrário, caso ele se acomode em alguma posição nas ordenações vigentes dos homens de ação, podemos estar certos de que nada de correto resultará disso – de modo semelhante a todo fervor, que o próprio Goethe mostrou para o teatro –, sobretudo ocorrerá que nenhuma "ordenação" será destronada. O homem de Goethe é uma força conservadora e pacífica – mas no perigo, como foi dito, de modo que ele pode degenerar em filisteu, como o homem de Rousseau pode facilmente tornar-se um catilinário[22]. Um pouco mais de força muscular e de selvageria natural naquele, e todas as suas virtudes seriam maiores. Parece que Goethe sabia onde estavam o perigo e a fraqueza de seu homem, e ele indicou para isso com as palavras de Jarno, no *Wilhelm Meister*: "O senhor é rabugento e amargo, isso é belo e bom; se o senhor alguma vez fosse bem mau, então seria ainda melhor."

Assim, falando sem rodeios: é necessário que nós alguma vez sejamos bem maus; com isso, as coisas serão melhores. E a isso deve nos encorajar a imagem do homem schopenhaueriano. *O homem schopenhaueriano toma sobre si o sofrimento voluntário da veracidade*, e esse sofrimento lhe serve para extinguir sua vontade própria e preparar a plena transformação e conversão de sua essência, a cuja condução reside o sentido próprio da vida. Essa manifestação da verdade parece aos outros homens um efluxo da maldade, pois eles julgam ser um dever da humanidade a conservação de suas imperfeições e mentirolas e acham que se deveria ser mau para destruir assim seu joguete. Eles são tentados a evocar algo, que Fausto diz a Mefistófeles: "Tu opões à força eternamente inquieta, curadora e criativa, o punho frio do diabo." E aquele que quiser viver de modo schopenhaueriano verá provavelmente de forma semelhante um Mefistófeles como um Fausto – para os olhos fracos modernos, portanto, que veem na negação sempre a insígnia do mal. Mas há uma forma de

---

22. *"Catilinarier"*, no original. Expressão que tem o sentido de dirigir a alguém uma imprecação ou acusação violenta, como no caso histórico em que Marco T. Cícero (106-43 a.C.) denunciou a conspiração armada em Roma por Lúcio S. Catilina (109-62 a.C.).

negar e de destruir, que é justamente o efluxo daquela poderosa aspiração à cura e salvação, que Schopenhauer, o primeiro mestre filosófico entre nós, profanou, e impeliu propriamente homens secularizados. Toda existência que pode ser negada merece também ser negada. E ser verídico significa acreditar numa existência que não poderia em geral ser negada, sendo ela verdadeira e sem mentira. Por isso, o homem verídico percebe o sentido metafísico de sua atividade, explicável pelas leis de uma vida superior, afirmativa no mais profundo entendimento. Também tudo o que ele faz aparece como uma destruição e rompimento das leis desta vida. Nesse caso, sua ação deve tornar-se um sofrimento duradouro, mas ele sabe o que também Mestre Eckhart sabia: "o sofrimento é o animal mais veloz, que vos guia à perfeição". Eu deveria pensar: todo aquele que põe diante de sua alma essa orientação de vida, deveria ter um coração maior, e nele surgiria a ardente aspiração para ser esse homem schopenhaueriano, portanto puro e de uma serenidade estranha para consigo mesmo e para com seu bem-estar pessoal, cheio do forte fogo devorador em seu conhecimento e bem afastado da gélida e desprezível neutralidade do assim chamado homem científico, bem elevado sobre a consideração aborrecida e rabugenta, entregando a si mesmo sempre como a primeira vítima da verdade conhecida, e perpassado no mais profundo da consciência: quantos sofrimentos têm de surgir de sua veracidade. Certamente, ele destrói sua felicidade terrestre por meio de sua coragem, ele mesmo tem de ser hostil ao homem que ama, às instituições de cujo seio ele proveio, ele não deve poupar nem homens nem coisas; caso logo se compadeça de seu ferimento, ele não será compreendido e por muito tempo será visto como aliado de poderes que ele detesta. Ele terá de ser injusto em todo anelo por justiça, segundo a medida humana de sua compreensão: mas ele deve animar-se e consolar-se com as palavras que Schopenhauer, seu grande educador, certa vez empregou: "Uma vida feliz é impossível: o máximo que o homem pode conseguir é um *curso heroico de vida*. Tal curso segue aquele que, de qualquer modo e em qualquer ocasião, luta com enormes dificuldades para que o vindouro chegue, de algum modo, a bom termo, e no final vence, mas apesar disso é mal recompensado ou simplesmente não o é. Ele fica, então, petrificado no final, como o príncipe no *Recorvo* de Gozzi, mas em posição nobre e com gestos generosos. Ele é lembrado e celebrado como um herói; sua vontade, mortificada através do esforço e do trabalho, sem êxito e com a ingratidão do mundo por toda a vida, extingue-se no Nirvana."[23] Esse curso de vida heroico, juntamente com a mortificação cumprida nele, corresponde pelo menos ao conceito fraco – que constitui a maior parte das palavras –, cujas festas celebram e tributam à memória dos grandes homens, a saber, que o homem grandioso seria mesmo grande, como ele se tornaria pequeno, por meio de uma dádiva, por diversão ou por meio de um mecanismo, e na obediência cega ao ímpeto interno. De modo que aquele que não tiver recebido a dádiva ou não sentir o ímpeto, tem

---

23. A. Schopenhauer, *Parerga e Paralipomena* 2, 346.

o mesmo direito de ser pequeno, como aquele outro, de ser grande. Mas ser presenteado ou coagido – são palavras desprezíveis, com as quais se quer fugir de uma advertência interior, injúrias para aquele que ouviu essa advertência, para o grande homem, portanto. Justamente ele se deixa presentear e coagir ao menos por todos – ele sabe tão bem como qualquer homem pequeno o quanto se pode levar facilmente a vida e quão macio é o leito em que poderia se estirar se ele se relacionasse com seu próximo de modo gentil e habitual. Pois todas as ordenações dos homens são de tal modo dispostas que a vida não é *percebida* numa dispersão contínua de pensamentos. Por que ele quer perceber tão fortemente o contrário, justamente a vida, ou seja, sofrer na vida? Porque ele nota que queremos mesmo enganá-lo, e que há uma espécie de acordo para tirá-lo de sua própria caverna. Então ele resiste, aguça os ouvidos e decide: "eu quero permanecer meu!". É uma decisão terrível; só aos poucos ele compreende isso. Pois agora ele tem de mergulhar na profundeza da existência, com uma série de perguntas insólitas nos lábios: por que eu vivo? Que lição devo aprender da vida? Como tornei-me assim como sou e por que padeço desse ser-assim? Ele se martiriza; e vede!, como ninguém mais assim se martiriza, como pelo contrário as mãos das pessoas dele próximas estendem-se apaixonadamente para os eventos fantásticos, que mostram o teatro político, ou como eles mesmos se pavoneiam em cem máscaras, enquanto jovens, homens, anciãos, pais, cidadãos, sacerdotes, funcionários públicos, comerciantes, pensando assiduamente em sua comédia comum, sem refletir nada sobre si mesmos. À pergunta: "para que tu vives?", todos eles responderiam rapidamente e com orgulho – "para *tornar*-me um bom cidadão, ou erudito, ou estadista" – e eles são algo que nunca poderá tornar-se outra coisa, e por que eles são justamente isso? Ah, e nada de melhor? Quem compreende sua vida somente como um ponto no desenvolvimento de uma geração, ou de um Estado, ou de uma ciência, e assim completamente na História (*Geschichte*) do devir, quer ser parte integrante da história (*Historie*), não entendeu a lição que a existência lhe entregou, e precisa aprendê-la outra vez. Esse eterno devir é um jogo de marionetes enganoso, em que o homem se esquece de si mesmo, é a própria distração, que dispersa o indivíduo por todos os ventos, o jogo sem fim da tolice, que a criança grande, o tempo, joga diante de nós e conosco. Aquele heroísmo da veracidade consiste em um dia cessar de ser seu brinquedo. No devir tudo é oco, enganador, superficial e digno de nosso desprezo. O enigma, que o homem deve solucionar, pode ser solucionado somente a partir do Ser, no ser-assim e não de outro modo, no Imperecível. Agora ele começa a provar o quão profundamente cresceu imerso no devir, quão profundamente imerso no Ser – uma tarefa enorme se impõe à sua alma, qual seja, a de destruir tudo o que vem a ser e trazer à luz tudo o que é falso nas coisas. Também ele quer conhecer tudo, mas, à diferença do homem de Goethe, não para querer uma nobre brandura, para se resguardar e para se deleitar na pluralidade das coisas. Mas ele mesmo é a primeira vítima que sacrifica a si. O homem heroico despreza, sem bem ou mal-estar, suas virtudes e vícios e sobretudo medir as coisas segundo a sua medida; ele nada mais espera de si e quer ver em todas as coisas até esse fundo sem esperança. Sua força está no esquecimento de si mesmo. E, quando pensa em si mesmo, ele prescinde de seus elevados objetivos até para si mesmo, e sucede-lhe como se ele visse um monte de escórias de pouco vulto atrás e debaixo de si. Os pensadores antigos buscavam com todas as forças a felicidade e a verdade – e nunca alguém encontrará o que ele tem de buscar, tal é o princípio mau da natureza. Mas quem procura a inverdade em tudo e associa-se voluntariamente à infelicidade, a este será reservado outro milagre da desilusão: algo de inexprimível se aproxima dele, do qual felicidade e verdade são somente cópias idolatradas, a Terra perde seu peso, os acontecimentos e potências da Terra tornam-se sonhos, como nas tardes de verão se difunde transfiguração em torno dele. Para quem observa, é como se principiasse a velar e como se somente as nuvens de um sonho evanescente brincassem em torno dele. Também estas se dissiparão: então será dia.

5

Prometi apresentar Schopenhauer como *educador*, segundo minhas experiências, e, assim sendo, não basta quando eu esboço, ainda com expressão imperfeita, aquele homem ideal, que imediatamente impera *em* e em torno de Schopenhauer, como sua ideia platônica. O mais difícil está ainda aquém: dizer como se pode conseguir desse ideal uma nova esfera de deveres e como se pode estabelecer uma ligação com um objetivo tão excessivo, através de uma atividade regular, *i. e.*, provar que aquele ideal *educa*. Poder-se-ia aliás pensar que não seria nada mais do que a visão venturosa, sim, extasiante, que nos concede momentos únicos, para nos abandonar logo em seguida e para nos deixar num mau humor ainda maior. É certo também que nós *iniciamos assim* nossa relação com esse ideal, com esses repentinos contrastes de claro e escuro, de embriaguez e nojo, e que aqui se repete uma experiência que é tão antiga quanto os ideais. Não devemos nos deter por muito tempo na porta, mas ir logo mais adiante. E assim devemos perguntar, de modo sério e determinado: é possível aproximar bem aquele objetivo incrivelmente elevado, de modo que ele nos eduque, ao mesmo tempo que nos puxa para cima? – Não se cumpre com isso a grande sentença de Goethe: "O homem nasceu para uma condição limitada; ele pode compreender metas simples, próximas, determinadas, e ele se acostuma a utilizar os meios que estão à sua mão; mas tão logo ingressa num domínio amplo, ele não sabe o que quer nem o que deve fazer, e é completamente indiferente se ele se dispersa na multiplicidade de objetos, ou se ele se coloca fora de si através da elevação e dignidade dos mesmos. Ele é sempre infeliz quando é levado a aspirar por algo a que ele não pode ligar-se por meio de uma atividade própria regular."[24] Pode-se objetar isso justamente contra aquele homem

---

24. Goethe, *Wilhelm Meisters Lehrjahre*, VI, *Bekenntnisse einer schönen Seele*.

schopenhaueriano, com uma boa aparência de razão: sua dignidade e altivez possibilitam apenas que nos coloquemos fora de nós mesmos e, através disso, projeta-nos de novo para além de todas as comunidades dos homens ativos; nisso reside a conexão dos deveres, o fluxo da vida. Talvez alguém se acostume, por fim, a despedir-se com mau humor e a viver conforme duas normas, a saber, em contradição consigo mesmo, inseguro às vezes e, por isso, a cada dia mais fraco e infrutífero: enquanto outro renuncia até mesmo por princípio a agir e mal percebe ainda como os outros agem. Os perigos são sempre maiores, quando isso se torna demasiado difícil ao homem e quando ele não consegue *cumprir* nenhum dever. As naturezas mais fracas podem ser destruídas com isso; os mais fracos, mais numerosos, mergulham numa preguiça contemplativa e perdem por fim, devido à preguiça, até mesmo a contemplação.

Acerca dessas objeções, quero tanto admitir que justamente aqui nosso trabalho mal começou, e que conforme minhas próprias experiências sei e vejo precisamente só uma coisa: que é possível, a partir daquela imagem ideal, uma série de deveres a serem cumpridos e seguidos por mim e por ti, e que alguns de nós já sentem a pressão dessa série. Mas para poder expressar sem hesitação a fórmula, sob a qual gostaria de resumir aquele novo círculo de deveres, necessito das seguintes considerações preliminares.

Os homens mais profundos tiveram em todos os tempos compaixão para com os animais, justamente porque eles sofrem na vida e não possuem a força para voltar contra si mesmos o aguilhão do sofrimento e para entender metafisicamente sua existência. Sim, revolta de modo mais profundo ver o sofrimento sem sentido. Por isso, surgiu em várias regiões da Terra a suposição de que as almas dos homens cheios de culpa se alojariam nos corpos dos animais, e que aquele sofrimento sem sentido face à eterna justiça, que revolta o olhar mais próximo, desapareceria num sentido e numa significação mais elevados, a saber, como castigo e expiação. De fato, é um castigo pesado viver do mesmo modo que os animais, com fome e apetites, e não ter nenhuma reflexão sobre essa vida. E nenhum destino mais grave é imaginável do que o do animal de rapina, que é perseguido no deserto pelos tormentos mais corrosivos, e raramente se satisfaz, somente de modo que esta satisfação se torne penúria, na luta encarniçada com outros animais ou através da avidez e saciedade repulsivas. Ser animal significa: estar tão cega e furiosamente preso à vida, por nenhum preço mais alto saber de longe que e por que se é assim castigado, mas justamente é ávido por esse castigo como por uma felicidade, com a imbecilidade de um apetite pavoroso; e, se a natureza inteira aflui para o homem, ela dá a entender com isso que ele é necessário para a sua redenção da maldição da vida animal, e que nele, por fim, a existência se mostra num espelho, em cujo fundo a vida não mais aparece absurda, mas em sua significação metafísica. Que se reflita bem: onde termina o animal, onde começa o homem! Naquele homem, em que somente a natureza se impõe! Enquanto alguém aspira pela vida como por uma felicidade, seu olhar não transcendeu ainda o horizonte da animalidade; apenas ele quer com mais consciência o que o animal busca com ímpeto cego. Mas assim sucede conosco durante a maior parte de nossa vida: geralmente nós não saímos da animalidade, nós mesmos somos os animais que parecem sofrer sem sentido.

Mas há instantes *em que nós compreendemos isso*: então as nuvens se dissipam, e nós vemos como afluímos para o homem, juntamente com toda a natureza, como para algo que paira acima de nós. Nessa súbita claridade olhamos com tremor em torno de nós e para trás: ali correm as feras mais refinadas e nós no meio delas. A mobilidade descomunal dos homens no grande deserto da Terra, suas fundações de cidades e Estados, suas guerras, seu ato incessante de reunir e dispersar, o acorrer aos outros, para aprender de outros; seu ludibriar e pisotear recíproco, sua gritaria na miséria, seu tumulto prazeroso na vitória – tudo é continuação da animalidade. Como se o homem devesse ser formado retroativamente e enganado em sua disposição metafísica, sim, como se a natureza, depois de ter ansiado por tanto tempo pelo homem, e após tê-lo remodelado, estremecesse agora diante dele e preferisse retornar à inconsciência do instinto. Ah! Ela necessita de conhecimento, e vós tendes medo do conhecimento que constitui propriamente vossa miséria; e assim tremula inquieta a chama, e logo se assusta consigo mesma, e agarra logo mil coisas, antes que elas a agarrem; por isso a natureza em geral necessita do conhecimento. Nós todos sabemos, em momentos especiais, como as condições mais remotas de nossa vida são constituídas somente para fugir de nossa tarefa própria, como nós bem esconderíamos a cabeça em qualquer lugar, como se lá a consciência de cem olhos não pudesse apanhá-la, assim como nós entregamos apressadamente nosso coração ao Estado, ao ganho de dinheiro, à vida social ou à ciência, apenas para não mais possuí--la, assim como nós mesmos nos abandonamos, do modo mais apaixonado e irrefletido, ao trabalho mais pesado do dia, como se fosse necessário para viver: pois isso nos parece mais necessário para não chegar à reflexão. Geralmente é a pressa, porque cada um foge de si mesmo; geralmente também o tímido ocultar dessa pressa, porque se quer parecer satisfeito e se gostaria de enganar o observador mais atento no tocante à sua miséria; geralmente a necessidade de novos guizos ressonantes de palavras, com as quais a vida deve receber algo de festivo e barulhento. Cada um de nós conhece o estado especial, quando afluem repentinamente lembranças desagradáveis, e nós nos esforçamos através de gestos e sons veementes para tirá-las da memória. Mas os gestos e sons da vida universal possibilitam adivinhar que todos nós sempre nos encontramos nesse estado de medo da lembrança e da interioridade. O que nos incomoda tão frequentemente mais do que mosquitos que não nos deixam dormir? As coisas se passam de modo fantástico em torno de nós, cada momento da vida quer nos dizer algo, mas não queremos ouvir essa voz dos espíritos. Quando estamos a sós e quietos, nós tememos que algo nos seja sussurrado ao ouvido, e assim odiamos o silêncio e nos aturdimos por meio da vida social.

Nós compreendemos isso tudo de vez em quando, como foi dito, e admiramo-nos tanto com o medo, com a pressa vertiginosa e com o estado onírico inteiro de nossa vida, o qual parece causar medo antes do despertar, e sonha de modo tão mais vivo e inquieto quanto mais perto está desse despertar. Mas nós sentimos ao mesmo tempo como somos demasiado fracos para suportar longamente aqueles instantes do mais profundo recolhimento e como não somos os homens, pelos quais a natureza inteira acorre, para sua redenção. Já é bastante que venhamos um pouco à tona com a cabeça e notemos em que corrente estamos profundamente afundados. E não chegamos também com força própria a esse emergir e despertar por um instante fugaz; nós temos de ser erguidos – e quem são aqueles que nos erguerão?

Serão aqueles *homens* verídicos, *aqueles não-mais--animais, os filósofos, artistas e santos*; no seu surgimento e através do seu surgimento, a natureza, que nunca dá saltos, dá seu único salto e, na verdade, um salto feliz, pois ela percebe que está pela primeira vez na meta, lá onde ela compreende que deveria desaprender a ter metas e que ela jogou muito alto o jogo da vida e do devir. Ela se transfigura nesse conhecimento, e um brando cansaço vespertino, que os homens chamam de "beleza", paira sobre o seu rosto. O que ela expressa agora com esse rosto transfigurado é o grande *esclarecimento* da existência; e o desejo supremo de qualquer mortal é de participar desse esclarecimento, de modo duradouro e com ouvidos aguçados. Quando alguém reflete acerca de tudo o que p. ex. Schopenhauer deve ter ouvido ao longo de sua vida, ele pode dizer para si logo depois: "Ah, teus ouvidos surdos, tua cabeça dura, teu intelecto oscilante, teu coração cansado; ah, tudo o que chamo de meu! Como desprezo isso! Não poder voar, mas apenas esvoaçar! Poder ver acima de si mesmo e não poder ir para cima! Conhecer o caminho que conduz àquela ilimitada visão livre do filósofo, e depois de alguns passos vacilar e voltar para trás! E se houvesse somente um dia em que aquele desejo mais elevado se realizasse, quão prontamente daríamos em troca o resto da vida! Subir tão alto como outrora um pensador subia, em meio ao puro ar alpino e glacial, para lá onde não há mais névoas e disfarces, e onde a constituição fundamental das coisas se mostra rude e rígida, mas com inevitável compreensibilidade! Pensando somente nisso a alma se torna solitária e infinita; mas, se realizou seu desejo, o olhar se precipitou de modo abrupto e luzindo como um raio de luz sobre as coisas, esmoreceu a vergonha, a angústia e a cobiça – poder-se-ia nomear seu estado com essa expressão, com uma nova e enigmática emoção sem excitabilidade, com a qual ela permaneceu estendida. Então, do mesmo modo que a alma de Schopenhauer, ela se estenderá sobre a enorme tela da existência, sobre a doutrina petrificada do devir, não como a noite, mas como luz incandescente, avermelhada, que inunda o mundo. E que destino, por outro lado, é suficiente para pressentir a disposição e a felicidade próprias do filósofo, para sentir toda a indeterminação e desgraça dos não filósofos, dos que cobiçam sem esperança! Ter consciência de si como fruto na árvore que, por causa de muita sombra, nunca pode amadurecer e permanece bem junto de si para ver o brilho do sol que lhe faz falta!"

Seria bastante torturante, para deixar com inveja e malícia alguém em tal medida maldotado, se ele pudesse se tornar invejoso e malicioso. Mas provavelmente ele se voltará para sua alma, para que ela não se consuma numa ânsia fútil, e agora ele *descobrirá* um novo círculo de deveres.

Chego agora à resposta da pergunta, qual seja, se é possível juntar-se ao grande ideal do homem schopenhaueriano através de uma atividade própria regular. Antes de tudo isto é certo: aqueles novos deveres não são deveres de um solitário; ao contrário, nós pertencemos, com eles, a uma comunidade poderosa, que se mantém coesa, de fato, não por meio de formas e leis externas, mas por meio de um pensamento fundamental. Esse é o pensamento fundamental da *cultura* (*Kultur*), na medida em que esta somente sabe propor a cada um de nós uma única tarefa: *promover o engendramento do filósofo, do artista e do santo em nós e fora de nós e, por meio disso, trabalhar no acabamento da natureza*. Pois, do mesmo modo que a natureza necessita do filósofo, também ela necessita do artista para um fim metafísico, a saber, para o esclarecimento de si mesma, de modo que lhe seja contraposto, enfim, como formação pura e acabada, o que ela nunca conseguiu ver nitidamente na inquietude do devir – para seu autoconhecimento, portanto. Goethe foi aquele que pôde notar, com uma atrevida expressão, de sentido profundo, o quanto devem valer à natureza todas as suas tentativas; com isso, o artista adivinha enfim seu balbuciar, defronta-se com ela a meio caminho e exprime o que ela quer propriamente com suas tentativas. "Tenho dito frequentemente, exclamou ele certa vez, e repetirei isso ainda muitas vezes, a *causa finalis* das contendas do mundo e dos homens é a arte poético-dramática. Pois, afora isso, o material não serve para nada."[25] Assim sendo, a natureza precisa, por fim, do santo, no qual o eu está completamente fundido, em cuja vida sofrida nada ou quase nada individual é sentido, mas como profunda simpatia, empatia e sentimento de unidade em tudo o que vive. Do santo, em que se realiza aquele milagre da transmutação, no qual o jogo do devir nunca incide, aquele devir homem finito e supremo, para o qual toda a natureza aflui e avança, para a redenção de si mesma. Não há nenhuma dúvida, nós todos somos aparentados e ligados a ele, assim como somos aparentados ao filósofo e ao artista. Há instantes e como que centelhas do fogo mais resplandecente e amoroso, em cuja luz não entendemos mais a palavra "eu"; além de nossa essência há algo que passa para o lado de cá naqueles instantes e, por isso, de todo coração cobiçamos pontes entre aqui e acolá. Em nosso estado habitual não podemos contribuir com nada para o engendramento do homem redentor; por isso, *odiamos* a nós mesmos nesse estado, um ódio que está na raiz daquele pessimismo que Schopenhauer teve de ensinar novamente à nossa época, mas que é tão antigo quanto a aspiração pela cultura. Sua

---

25. Carta de Goethe a Charlotte von Stein, de 3 de março de 1785.

raiz, mas não sua floração; seu tiro mais para baixo, mas não seu frontão; o começo de sua trajetória, mas não seu fim: pois num dia qualquer teremos ainda de aprender a odiar alguma outra coisa, e, de modo geral, não mais nossa individualidade e sua miserável limitação, sua instabilidade e inquietude, naquele estado elevado em que nós também amaremos algo distinto do que podemos agora amar. Somente quando nós mesmos formos admitidos, no nascimento atual ou futuro, naquela ordem mais sublime dos filósofos, dos artistas e dos santos, ser-nos-á também implantado um novo alvo para nosso amor e para nosso ódio – por enquanto temos nossas tarefas e nosso círculo de deveres, nosso ódio e nosso amor. Pois nós sabemos o que é a cultura. Para fazer a aplicação sobre o homem schopenhaueriano, ela quer que nós preparemos e promovamos a sua sempre nova geração, na qual nós conhecemos o que lhe é hostil e o tiremos do caminho – em suma, ela quer que nós lutemos incansavelmente contra tudo o que *nos* privou da suprema realização de nossa existência, na medida em que isso impede que nós mesmos nos tornemos esses homens schopenhauerianos.

6

Às vezes é mais difícil admitir uma coisa do que entendê-la; e assim pode suceder à maior parte das pessoas quando refletem sobre a sentença: "a humanidade deve trabalhar continuamente para engendrar grandes homens singulares – essa é sua única tarefa". Gostaríamos muito de aplicar um ensinamento à sociedade e a seus fins, que se pode obter da observação de qualquer espécie do reino animal ou vegetal, qual seja, somente nela chega-se ao exemplar superior e único, ao exemplar mais extraordinário, poderoso, complexo, frutífero – que bom seria se ilusões selvagens não produzissem duras resistências sobre o fim da sociedade! Com efeito, é fácil compreender que lá onde uma espécie atinge seus limites e se transforma numa espécie superior, o alvo de seu desenvolvimento não está na massa dos exemplares e em seu bem-estar, ou até mesmo nos exemplares que são os derradeiros conforme o tempo, mas precisamente nas existências aparentemente dispersas e fortuitas, as quais ocasionalmente atingem uma posição social, sob condições favoráveis. E poder-se-ia compreender bem facilmente a exigência de que a humanidade, por ela ter a consciência de seu fim, tem de procurar e produzir aquelas condições favoráveis sob as quais podem surgir os grandes homens redentores. Mas há algo – de que eu não sei – que se opõe a isso tudo: então, aquele fim último deve ser encontrado na felicidade de todos ou da maioria; ele deve assim ser encontrado no desdobramento da grande coletividade. E do mesmo modo que alguém se decidiria rapidamente a sacrificar sua vida a um Estado qualquer, ele se comportaria tão lenta e refletidamente caso esse sacrifício exigisse não um Estado, mas um indivíduo singular. Parece um disparate que o homem deva existir por causa de outro homem; "ao contrário, por causa de todos os outros, ou pelo menos do maior número possível!". Oh, homem de bem! Como se fosse sensato permitir que o número decida, quando se trata do valor e da significação! Pois assim soa a pergunta: como a vida do indivíduo, tua própria vida, adquire o supremo valor, a mais profunda significação? Certamente, apenas por meio disto: que tu vivas para o proveito dos exemplares mais raros e valiosos, e não para o proveito da maioria, isto é, dos exemplares que, considerados individualmente, são os mais insignificantes. E justamente essa orientação deveria ser implantada e cultivada num jovem, de modo que ele próprio se compreenda como que uma obra malograda da natureza, e ao mesmo tempo como um testemunho das mais excelsas e maravilhosas intenções dessa artista. Ela está mal, deveria ele dizer para si mesmo, mas eu quero honrar seu grande desígnio, colocando-me à sua disposição, de modo que ela possa ficar melhor.

Com esse projeto ele se insere na esfera da *cultura*, pois ela é o filho do conhecimento de si mesmo e da insuficiência em si mesmo de cada indivíduo singular. Todo aquele que se consagra a ela profere: "Vejo sobre mim algo mais elevado e humano do que eu mesmo; que todos me ajudem a atingi-lo, assim como eu ajudarei a todos os que reconhecem o mesmo e que padecem do mesmo: para que ressurja enfim o homem que se sente pleno e infinito no conhecer e amar, no ver e poder, e que se inclina em sua completude na natureza, como juiz e avaliador das coisas." É difícil deslocar alguém para esse estado de intrépido autoconhecimento, porque é impossível ensinar a amar. Pois somente no amor a alma ganha o olhar sereno, dissipador e desprezador de si mesma, mas também aquele desejo de olhar para além de si mesma, de buscar com todas as forças o si-mesmo superior, escondido ainda em algum lugar. Assim, somente aquele que dispôs seu coração para algum grande homem recebe a *primeira consagração da cultura*; seu símbolo é a vergonha de si mesmo sem mau humor, ódio em relação à própria limitação e atrofia, compaixão para com o gênio que irrompe sempre de novo dessa nossa apatia e aridez, pressentimento de todos os que vêm a ser e lutam, e a convicção mais íntima de deparar-se quase por toda parte com a natureza em sua penúria, no modo como ela aflui ao homem, no modo como ela sente a obra novamente fracassar, no modo como lhe são bem-sucedidos sobretudo os maravilhosos esboços, traços e formas. De modo que os homens com os quais vivemos assemelham-se a um campo de destroços dos mais preciosos projetos figurativos, em que tudo nos brada: vinde, ajudai, realizai, juntai o que corresponde entre si, nós almejamos imensamente nos tornar completos.

Denomino essa soma de estados internos de primeira consagração da cultura. Mas cabe-me agora descrever os efeitos da *segunda* consagração, e sei bem que aqui minha tarefa é mais difícil. Pois agora deve ser feita a transição dos acontecimentos internos para o ajuizamento dos acontecimentos externos, o olhar deve voltar-se para reencontrar no vasto mundo em movimento o anseio por cultura, no modo como ele a conhece, desde aquelas primeiras experiências; o indivíduo deve utilizar seu anelo e anseio como o alfabeto, por meio do qual ele pode agora ler as aspirações dos homens. Ele não pode, contudo, deter-se aqui; deve subir desse degrau para um degrau ainda mais alto. A cultura exige dele não somente aquelas vivências internas, não somente o ajuizamento do mundo exterior que o circunda, mas enfim e principalmente a ação, isto é, a luta pela cultura e a hostilidade em relação a influências, hábitos, leis, ordenações, nas quais ele não reconhece sua meta: o engendramento do gênio.

Torna-se claro àquele que consegue se colocar no segundo degrau quão *extraordinariamente ínfimo e raro é o saber acerca daquela meta*; em contrapartida, quão universal é o esforço por cultura e quão indizivelmente enorme a massa de forças que são gastas a seu serviço. Perguntamos com espanto: talvez esse saber não seja de modo algum necessário? A natureza atinge também sua meta quando a maioria das pessoas determina erroneamente o fim de seu próprio esforço? Quem se habituou a ter em alta conta a conformidade a fins inconsciente da natureza, responderá talvez sem nenhum esforço: "Sim, é assim mesmo! Deixai os homens pensarem e falarem o que quiserem sobre seu fim último, eles estão bem conscientes em sua pulsão obscura do caminho certo." Para poder contradizer isso, temos de ter vivenciado alguma coisa; mas quem de fato está convencido daquela meta da cultura, qual seja, que ela tem de promover o surgimento do verdadeiro *homem* e nada além disso, e quem agora compara como ainda hoje em todo luxo e ostentação da cultura o surgimento daqueles homens não se distingue muito de uma tortura contínua de um animal, este julgará necessário que o querer consciente seja colocado, enfim, no lugar do "impulso obscuro". E isso também sobretudo por uma segunda razão: para que não seja possível empregar aquele impulso não esclarecido acerca de seu alvo, a célebre pulsão obscura, para fins completamente distintos, e, com isso, conduzi-lo a sendas nas quais nunca mais possa ser atingida aquela meta suprema, a geração do gênio. Pois há uma espécie de *cultura contratada e mal empregada* – que cada um olhe em torno de si! E precisamente as forças que promovem agora de modo mais ativo a cultura têm nisso segundas intenções e não se relacionam com ela de modo puro e sem proveito próprio.

Então, é o *egoísmo dos conquistadores* que necessita do amparo da cultura, e a auxilia novamente por gratidão, mas gostaria, na verdade, de prescrever-lhe logo meta e medida. Dessa parte procedem aquela sentença preferida e a série de conclusões, que significam mais ou menos isto: o máximo de conhecimento e cultura; por conseguinte o máximo de necessidade, por conseguinte o máximo de produção, por conseguinte o máximo de ganho e felicidade – assim soa a fórmula sedutora. A cultura (*Bildung*) seria definida por seus adeptos como o discernimento, com o qual eles se tornam sempre mais contemporâneos, nas necessidades e na sua satisfação, com o qual imediatamente se oferecem os melhores meios e caminhos, para ganhar dinheiro do modo mais fácil possível. Esta seria, portanto, a meta: formar o máximo de homens "correntes", do mesmo modo como se denomina uma moeda corrente. Segundo essa concepção, um povo será tanto mais feliz quanto mais homens correntes possuir. Por isso, a meta principal dos modernos estabelecimentos de ensino deve ser a de tornar cada um corrente, até onde isso reside na sua natureza, formar cada um de tal modo que ele obtenha do grau de conhecimento e saber que lhe é próprio a maior medida possível de felicidade e ganho. Como se exige aqui, o indivíduo deveria poder taxar precisamente a si mesmo, com a ajuda dessa formação geral, para saber o que ele pode exigir da vida; e, por fim, afirma-se que existe uma liga natural e necessária de "inteligência e posse", de "riqueza e cultura", ainda mais, que essa liga é uma necessidade ética. Odeia-se agora toda cultura que proporciona solidão, que propõe metas para além do dinheiro e da aquisição, que gasta muito tempo. Cuida-se bem de difamar os tipos mais sérios de cultura como "egoísmo refinado", como "imoral epicurismo da cultura". De fato, segundo a eticidade hoje vigente, justamente o contrário é elogiado, a saber, uma formação rápida, para tornar-se logo um ser ganhador de dinheiro; uma formação tão básica, para tornar-se um ser que ganha muito dinheiro. Permite-se ao homem somente o tanto de cultura que é do interesse da aquisição geral e das relações mundanas, mas exige-se também tanto dele. Em suma: "O homem tem uma pretensão necessária à felicidade terrena; por causa disso a cultura é necessária, mas somente por causa disso!"

Em segundo lugar está *o egoísmo do Estado*, que anseia do mesmo modo pela maior propagação e universalização possível da cultura, e tem nas mãos as ferramentas mais eficazes para satisfazer seus desejos. Suposto que ele se reconheça forte o bastante para não somente desencadear, mas para poder estender o jugo no tempo certo; suposto que seu fundamento seja seguro e amplo o bastante para poder suportar a abóbada inteira da cultura; assim, a difusão da cultura entre seus cidadãos chega a bom termo somente nele mesmo, na rivalidade com outros Estados. Em toda parte onde se fala agora do "Estado de cultura", vê-se a tarefa a ele imposta, de liberar as forças espirituais de uma geração até o ponto em que elas possam servir e ser úteis às instituições existentes, mas somente até esse ponto; assim como um arroio da floresta é em parte desviado, por meio de canais e suportes, para mover moinhos com o mínimo de força – enquanto sua força total, ao invés de útil, seria antes prejudicial ao moinho. Aquela liberação é, ao mesmo tempo, ainda mais um agrilhoamento. Que se recorde somente do cristianismo, do que aos poucos se tornou o cristianismo, sob o egoísmo do Estado. Certamente, o cristianismo é uma das mais puras revelações daquela pulsão à cultura, e justamente pelo sempre renovado engendramento do santo. Entretanto, como ele foi usado sempre de cem modos para mover os moinhos das forças estatais, aos poucos ele adoeceu, tornou-se hipócrita e mentiroso até o seu âmago e modificou-se até entrar em contradição com sua meta mais originária. Mesmo seu último evento, a Reforma alemã, não teria sido nada mais que um repentino recrudescimento e extinção, caso ela não tivesse roubado novas forças e chamas da batalha e do incêndio dos Estados.

Em terceiro lugar, assim, a cultura é promovida por todos os que têm consciência de um *conteúdo horrível ou aborrecedor*, e querem enganar acerca dele por meio da assim chamada *"bela forma"*. Em relação ao exterior, o observador deve ser coagido a uma falsa conclusão acerca do conteúdo, por meio de palavras, gestos, adornos, pompas e maneirismo; na pressuposição de que se ajuíza como habitual o interior segundo o lado externo. Parece-me às vezes que os homens modernos se aborrecem uns aos outros sem limites, e por fim acham necessário tornar interessantes a si mesmos com o auxílio de todas as artes. Então eles deixam servir a si mesmos por seus artistas como prato picante e corrosivo; então vertem sobre si os temperos de todo o Oriente e Ocidente, e certamente! Agora de fato eles cheiram de forma muito interessante a todo o Oriente e Ocidente. Então eles se dispõem a satisfazer todo gosto; e cada um deve ser servido conforme o seu desejo: se for pelo aromático ou pelo aroma ruim, pelo sublimado ou pelo rústico-grosseiro, pelo grego ou pelo chinês, por tragédias ou imundícies dramáticas. Acha-se entre os franceses o *chef* mais famoso desses homens modernos, que quer ser interessante e interessado a qualquer preço; entre os alemães, o pior de todos. Isso é no fundo mais consolador para os últimos do que para os primeiros, e nós queremos ao menos nos irritar com os franceses, quando eles zombam de nós, justamente pela falta de elegância e de aspectos interessantes, e quando eles se lembram do anseio de alguns alemães por elegância e boas maneiras, de modo semelhante ao indiano que deseja ter um anel perfurando o nariz e depois grita para ser tatuado.

– Não me detenho aqui numa digressão. Desde a última guerra contra a França muita coisa na Alemanha mudou e foi protelada, e é visível que foram implantados também alguns novos desejos em relação à cultura alemã. Para muitos, aquela guerra foi a primeira viagem na metade mais elegante do mundo. Quão esplêndida se apresenta agora a desenvoltura do vencedor, quando ele não desdenha aprender algo de cultura com o vencido! A arte aplicada, particularmente, aponta sempre de novo para a rivalidade com o vizinho mais culto, a organização da casa alemã deve assemelhar-se à da francesa; mesmo a língua alemã deve adotar o "gosto sadio", por meio de uma academia fundamentada no modelo francês, e acabar com a influência grave que Goethe exerceu sobre ela – como bem recentemente julgou o acadêmico berlinense du Bois-Reymond[26]. Há muito tempo nossos teatros aspiraram, em completo silêncio e honradez, pela mesma meta; já foi inventado até mesmo o erudito alemão elegante – pode-se esperar, desse modo, que tudo o que até agora não quis submeter-se àquela lei da elegância, música alemã, tragédia e filosofia, será posto de lado como não alemão. – Mas, na verdade, seria o caso também de não se mexer nenhum dedo para a cultura alemã, se o alemão entendesse por cultura, que ainda lhe falta e pela qual agora ele teria de ambicionar, nada mais do que artes e gentilezas, com as quais a vida é embelezada, incluindo toda a inventividade dos mestres de dança e dos tapeceiros, quando eles também na linguagem esforçam-se somente por regras academicamente bem

---

26. Emil du Bois-Reymond (1818-1896), filósofo e fisiologista alemão.

ordenadas e por certo maneirismo geral. Mas parece que a última guerra e a comparação pessoal com os franceses de modo algum suscitaram pretensões maiores; ao contrário, acomete-me com frequência a suspeita de que o alemão quer agora furtar-se violentamente daquelas velhas obrigações que lhe impuseram seu talento maravilhoso e a profundidade e gravidade próprias de sua natureza. Ele preferiria antes fazer ilusionismo, ser macaco; ele aprenderia antes maneirismos e artes, através das quais a vida se torna divertida. Não se pode mais, contudo, xingar o espírito alemão, do mesmo modo como ele era tratado, como se fosse de cera, de forma que algum dia se pudesse também juntar a ela a elegância. E, se infelizmente é verdade que boa parte dos alemães quer ser de tal modo amalgamada e bem enformada, deve ser dito também com a mesma frequência, até que eles ouçam: em vós não habita mais aquela velha qualidade alemã, que de fato é dura, rude e de muita resistência, mas somente como o material mais precioso, no qual devem trabalhar somente os maiores configuradores, porque somente estes são dignos dele. Em contrapartida, o que tendes em vós é um material mole e pastoso; fazei com isso o que quiserdes, formai bonecas elegantes e ídolos interessantes – também aqui permanecerá a sentença de Richard Wagner: "O alemão é rude e desajeitado quando se porta com maneirismos; mas ele é sublime e superior a todos quando pega fogo."[27] E os elegantes têm

---

27. R. Wagner, *Über das Dirigiren. Gesammelte Schriften und Dichtungen*. Leipzig, 1871-1873, 8, 387. Cf. *KSA*, v. 14, comentário ao v. 1, p. 78.

toda razão para se precaverem desse fogo alemão, pois ele poderia algum dia consumi-los, juntamente com todos os seus ídolos e bonecas de cera. – Poder-se-ia então derivar de outro modo e mais profundamente aquela tendência à "bela forma" preponderante na Alemanha: daquela pressa, daquele febril agarrar-se ao instante, daquela precipitação que derruba todas as coisas muito verdes do ramo, daquela correria e caça que agora formam rugas no rosto dos homens, e como que tatuam tudo o que eles fazem. Como se neles tivesse efeito uma bebida que não os deixasse mais respirar tranquilamente, eles se precipitam em indecentes preocupações, como escravos flagelados por três M, pelo momento (*Moment*), pelas opiniões (*Meinungen*) e pelas modas (*Moden*). De forma que a falta de dignidade e decoro salta aos olhos de modo demasiado penoso, e agora é novamente necessária uma elegância enganadora, com a qual deve ser mascarada a doença da pressa infame. Assim sendo, a avidez modista pela bela forma corresponde ao conteúdo horrível do homem atual: aquela deve esconder, este deve ser escondido. Hoje, ser culto significa: não deixar notar a si mesmo o quão miserável e desprezível se é, quão animalesco se é no ansiar, quão insaciável no juntar, quão egoísta e sem-vergonha na fruição. Foi-me objetado já várias vezes, quando expunha diante dos olhos de alguém a ausência de uma cultura alemã: "Mas essa ausência é inteiramente natural, pois até agora os alemães foram muito pobres e modestos. Deixai apenas que nossos conterrâneos se tornem ricos e autoconscientes, então eles também terão uma cultura!" Possa essa crença fazer sempre alguém feliz; *esta* espécie de crença me faz infeliz, porque eu sinto que aquela cultura alemã, em cujo futuro se crê agora – o futuro da riqueza, da polidez e da dissimulação maneirosa –, é a contraparte mais rival da cultura alemã, em que eu creio. Certamente, quem vive entre alemães padece tanto da famigerada monotonia de sua vida e de seus sentidos, da ausência de forma, da apatia e do embotamento dos sentidos, da grosseria nas relações mais delicadas, ainda mais do estrabismo e de uma dissimulação e impureza do caráter; provoca dor e insulta-o o prazer enraizado no falso e inautêntico, na má imitação, na tradução do bom elemento estrangeiro num nativo ruim. Mas agora, quando acresce ainda aquela inquietação febril, aquela busca por sucesso e ganho, aquela superestimação do momento enquanto pior sofrimento, causa-nos uma completa indignação pensar que essas doenças e fraquezas todas nunca serão curadas a fundo, mas podem ser apenas camufladas – por meio dessa "cultura da forma interessante!". E isso num povo que gerou *Schopenhauer* e *Wagner*! E deve ainda gerar com mais frequência! Ou enganamo-nos em relação ao mais inconsolável? Os acima nomeados não podem mais oferecer nenhuma garantia de que forças, como as suas, estão efetivamente ainda disponíveis no espírito e nos sentidos alemães? Eles mesmos devem ser exceções, como que as derradeiras ramificações e estacas de propriedades outrora tidas por alemãs? Nesse ponto, não sei ajudar a mim mesmo, e por isso retorno à senda de minha consideração geral, querendo desviar-me o suficiente da dúvida preocupante. Não foram ainda enumerados aqueles poderes todos, pelos quais a cultura é promovida, sem que se tenha reconhecido sua meta, a geração do gênio. Citamos três: o egoísmo dos conquistadores, o egoísmo do Estado e o egoísmo de todos os que têm motivo para dissimular, para ocultar-se através da forma. Em quarto lugar, cito *o egoísmo da ciência* e o saber próprio de seus servidores, os *eruditos*.

A ciência se relaciona com a sabedoria do mesmo modo que a virtude com a santidade: ela é fria e árida, ela não possui nenhum amor e nada sabe do sentimento profundo da insuficiência e do anseio. Ela é tão útil a si mesma do mesmo modo que é prejudicial a seus servidores, à medida que ela transfere seu próprio caráter aos mesmos e, dessa forma, como que fossiliza sua humanidade. Até onde se entende por cultura essencialmente fomento da ciência, ela passa pelos grandes homens sofredores com frieza desumana, pois a ciência vê em toda parte apenas problemas do conhecimento, visto que o sofrimento é algo estranho e incompreensível no interior de seu mundo, portanto, de novo um problema no mais alto grau.

Contudo, habituamo-nos somente a traduzir cada experiência num jogo dialético de pergunta e resposta e numa pura questão de cabeça. É surpreendente notar como em pouco tempo o homem se resseca nessa atividade, como ele logo matraqueia quase somente com os ossos. Cada um sabe e vê isso: como é assim possível que, apesar disso, os jovens de modo algum retrocedam assustados diante de tais homens-esqueletos e se entreguem sempre de novo às ciências, cegamente, sem escolha e medida? Isso não pode provir do pretenso "impulso à verdade", pois como poderia haver um impulso para o conhecimento frio, puro e sem resultados? Ao contrário, somente ao olhar desimpedido dá-se a entender claramente o que são para os servidores da ciência as próprias forças impulsoras. E é muito aconselhável analisar e dissecar também os eruditos, após eles mesmos se terem habituado a decompor e a tocar atrevidamente tudo o que há no mundo, inclusive o mais digno de respeito. Se eu devesse expressar o que penso, assim soaria minha sentença: o erudito consiste num emaranhado confuso de impulsos e estímulos muito distintos; ele é um metal de todo impuro. Que se tomem, antes de mais nada, uma ânsia recente, forte e sempre mais intensa, a busca por aventuras do conhecimento, o contínuo ímpeto estimulante do novo e do raro, em oposição ao antigo e monótono. Dispõe-se para isso de certo impulso dialético para pistas e para o jogo, o prazer de caçador nas trilhas de raposas manhosas do conhecimento, de modo que não se busca propriamente a verdade, mas o buscar mesmo, e o gozo principal está no astuto andar às furtadelas, no envolver, na dominação artística. Assoma-se ainda o impulso de contradição, a personalidade quer sentir a si mesma e deixar sentir, em contraposição a todos os outros; a luta torna-se um prazer e a vitória pessoal é a meta, enquanto a luta pela verdade é somente o pretexto. Para uma boa parcela, acrescenta-se logo ao erudito o ímpeto para encontrar *certas* "verdades", isto é, por submissão a certas pessoas, castas, opiniões, Igrejas, governos dominantes, pois ele sente que tira proveito para si, à medida que tem a "verdade" do seu lado. Com pouca regularidade, mas apesar disso ainda frequentemente, aparecem no erudito as seguintes propriedades: em primeiro lugar, probidade e senso para estimar o simples de modo muito elevado, quando eles são mais do que falta de jeito e de prática na dissimulação, da qual faz parte alguma graça. De fato, pode-se ter um pouco de cautela e pôr em dúvida a retidão do caráter sempre que a graça e a agilidade são muito explícitas. Por outro lado, aquela probidade é quase sempre de pouco valor, e apenas raramente é proveitosa para a ciência, visto que ela está propensa ao habitual e trata de dizer a verdade somente através de coisas simples ou *in adiaphoris*, pois aqui corresponde mais à indolência dizer a verdade do que calar sobre ela. E, porque tudo o que é novo exige uma mudança de orientação, a probidade venera a opinião antiga, quando esta diz respeito a alguém e censura o anunciador do novo que lhe falta o *sensus recti*[28]. Por isso, ela suscitou certamente resistências contra a teoria de Copérnico, pois ela (a opinião antiga) tinha para si a aparência dos sentidos e o hábito. O não tão raro ódio dos eruditos em relação à filosofia é, sobretudo, ódio da longa série de conclusões e da artificialidade das provas. Sim, aquela geração de eruditos tem no fundo uma medida involuntária para a perspicácia *permitida*; duvida-se do que vai mais além e quase se faz uso disso como motivo de suspeita em relação à probidade. – Em segundo lugar, perspicácia na proximidade, ligada a

---

28. Senso de retidão.

uma grande miopia em relação à distância e ao geral. Seu campo visual é geralmente muito pequeno, e os olhos têm de se manter bem perto do objeto. Caso o erudito queira mover-se de um ponto recém-investigado a outro, ele terá de volver todo o aparato visual para aquele ponto. Ele decompõe uma imagem em pontos distintos, como alguém que utiliza binóculos para ver o palco, e ora focaliza uma cabeça, ora uma parte da vestimenta, mas nada por inteiro. Ele nunca vê a ligação daqueles pontos isolados, mas deduz apenas o seu nexo; por isso, ele não tem nenhuma impressão forte de tudo o que é geral. Ele julga, p. ex., um escrito segundo alguns fragmentos, frases ou erros, porque não consegue abrangê-lo por inteiro; ele seria seduzido a afirmar que uma pintura a óleo é um amontoado bruto de manchas de tinta. – Em terceiro lugar, sobriedade e habituação de sua natureza a tendências e inclinações. Ele é feliz na história especialmente com essa propriedade, na medida em que descobre os motivos dos homens do passado em conformidade com os motivos por ele conhecidos. Encontra-se mais facilmente uma toupeira na toca de toupeiras. O erudito está protegido de todas as hipóteses artificiosas e extravagantes. Quando é persistente, ele escava em todos os motivos comuns do passado, pois se sente como sendo da mesma espécie. Por causa disso, ele é quase sempre incapaz, de fato, de entender e de avaliar o que é raro, grandioso e incomum, portanto o mais importante e essencial. – Em quarto lugar, pobreza de sentimento e aridez. Ela o capacita mesmo para vivissecções. Ele não pressente o sofrimento que muitos conhecimentos trazem consigo, e não teme por si mesmo em domínios que a outros fazem palpitar o coração. Ele é frio, e por isso parece levemente cruel. Também se o considera ousado, mas ele não o é, tampouco como o burro, que não sente vertigens. – Em quinto lugar, a mínima autoestima, ou seja, modéstia. Apesar de coagidos num canto miserável, eles não sentem nada de sacrifício, de desperdício; com frequência parecem saber no íntimo mais profundo que eles não são animais voadores, mas rastejantes. Com essa propriedade, eles mesmos parecem comoventes. – Em sexto lugar, fidelidade em relação a seus mestres e guias. Os eruditos querem ajudá-los de coração, e sabem bem que os ajudarão do melhor modo com a verdade. Estão dispostos à gratidão, pois somente através dela eles podem conseguir a admissão aos salões da ciência, nos quais eles jamais teriam entrado por seus próprios meios. Quem hoje sabe explorar como professor um domínio, no qual também cabeças bem limitadas podem trabalhar com algum sucesso, tornar-se-á no tempo mais breve um homem afamado: enorme é a multidão que imediatamente acorre a ele. Sem dúvida, cada um desses seres fiéis e gratos é ao mesmo tempo um infortúnio para o mestre, visto que todos aqueles o imitam, e justamente agora seus defeitos parecem desproporcionalmente grandes e exagerados, porque eles aparecem em indivíduos diminutos, enquanto as virtudes do mestre se apresentam nos mesmos indivíduos, reduzidas nas mesmas proporções. – Em sétimo lugar, prosseguimento, conforme o hábito, na trilha em que nos deparamos com o erudito; sentido da verdade oriundo da ausência de pensamentos, em conformidade com a habituação outrora assumida. Esses seres são colecionadores, intérpretes, fabricadores de índices, herbanários; eles aprendem e pesquisam num âmbito somente porque nunca pensam que há ainda outros âmbitos. Sua aplicação tem algo da enorme tolice da força de gravidade: por causa disso, eles fazem com frequência muito a esse nível. – Em oitavo lugar, fuga do tédio. Enquanto o pensador efetivo anseia somente pelo ócio, o erudito habitual dele foge, porque não sabe dar início a nada com ele. Os livros são seus consolos, isto é, ele escuta como algum outro pensa e entretém-se dessa forma o dia todo. Ele escolhe particularmente livros entre os quais é estimulada de algum modo sua participação pessoal, onde ele pode ter alguma afetação, por meio de tendência e inclinação. Livros, portanto, nos quais vêm ao caso ele mesmo, ou sua posição, seu parecer sobre política, estética ou apenas sobre gramática. Caso ele tenha uma ciência própria, então nunca lhe faltam meios para entreter-se e moscadeiros contra o tédio. – Em nono lugar, o motivo do ganha-pão; no fundo, portanto, os afamados "roncos de um estômago sofrível". Servem à verdade quando estão em condição de promover diretamente salários e posições superiores, ou de obter pelo menos o favor daqueles que podem conceder pão e honras. Mas serve-se somente *a esta* verdade: por isso, pode-se traçar um limite entre as verdades extorquíveis, que servem a muitos, e as verdades inextorquíveis. A essas últimas somente se entregarão aqueles poucos a quem isso não quer dizer: *ingenii largitor venter*²⁹. – Em décimo lugar, respeito pelos colegas eruditos, medo de seu desprezo, um motivo mais raro, mas superior ao precedente, ainda assim muito frequente. Todos os membros da corporação vigiam-se uns aos outros do modo mais invejoso; com isso é batizada com o nome do seu descobridor a verdade, da qual muito depende: pão, profissão, honra. Presta-se rigorosamente ao outro seu respeito pela verdade que ele encontrou, para depois exigir de volta o tributo, quando porventura se tiver encontrado uma verdade. A inverdade e o erro são explodidos de modo retumbante para que não se torne grande demais o número de concorrentes; pois às vezes também a verdade efetiva é deflagrada, com isso abre-se, pelo menos por pouco tempo, um espaço para erros persistentes e ousados. Assim como não faltam em lugar algum, e aqui também, "idiotices morais", denominadas, aliás, de travessuras de garotos. – Em décimo primeiro lugar, o erudito por vaidade, uma variedade bem mais rara. Ele quer ter, sempre que possível, um domínio inteiramente para si e escolhe por isso curiosidades, particularmente quando elas requerem gastos, viagens, escavações e contatos incontáveis com distintos países. Ele se contenta quase sempre com a honra de ser admirado mesmo como curiosidade e não pensa em ganhar seu pão por meio de seus estudos eruditos. – Em décimo segundo lugar, o erudito por diversão. Seu divertimento consiste em procurar

---

29. "O ventre incita o gênio" (expressão usada por Denis Diderot em *Le neveu de Rameau*, 1762).

nozinhos nas ciências e desatá-los. Ele não pode se fatigar demais com isso, para não perder a sensação do jogo. Por isso, ele nunca entra no fundo, pois percebe com frequência algo que o erudito por ganha-pão, com olhos que se arrastam penosamente, nunca vê. – Se eu designo como motivo do erudito, por fim, em décimo terceiro lugar, o impulso para a justiça, poder-se-ia objetar que esse impulso nobre, entendido já de modo metafísico, dificilmente seria distinguido de outros, e seria inconcebível e indeterminável para um olho humano. Por esse motivo, acrescento esse último número, com o desejo devoto de que entre os eruditos aquele impulso possa ser mais frequente e atuante do que se vê. Pois basta cair uma centelha do fogo da justiça na alma do erudito para consumir e purificar sua vida e aspiração, de modo que ele não tenha mais sossego e seja expulso para sempre do estado de ânimo tépido ou frio, em que os eruditos habituais exercem sua atividade diária.

Que se pense agora em todos esses elementos, ou vários, ou alguns deles misturados e agitados: tem-se assim o surgimento do servidor da verdade. É deveras admirável como aqui é misturada uma quantidade enorme de pequenos e diminutos impulsos muito humanos em proveito de uma ocupação, no fundo extra e sobre-humana, a saber, a do conhecimento puro e sem resultados, por conseguinte sem impulso, para propiciar uma ligação química, e como o resultado, o erudito, distingue-se agora de modo tão transfigurado à luz daquela ocupação sobrenatural, elevada e completamente pura, de tal modo que se esquece de todo a enorme quantidade e a mistura, necessárias para sua geração. Há momentos em que se deve pensar e lembrar justamente isto: ou seja, quando está em questão o erudito, em sua significação para a cultura. Quem sabe mesmo observar nota que o erudito, em sua essência, é *infecundo* – uma consequência de sua origem! – e que ele tem um certo ódio natural em relação aos homens fecundos. Por isso, em todos os tempos os gênios e os eruditos combateram uns aos outros. Os últimos querem mesmo matar, decompor e entender a natureza; os primeiros querem incrementar a natureza através da nova natureza viva; e assim há uma contenda de mentalidades e atividades. Tempos felizes inteiros não precisaram do erudito, e não o conheciam; tempos completamente doentios e aborrecidos estimam-no como o homem mais elevado e digno, e concedem-lhe primazia hierárquica.

Como se comporta agora nosso tempo em vista do ser sadio e do ser doentio, quem seria médico o bastante para saber disso! Ainda hoje, certamente, a estimativa do erudito é em tantas coisas demasiado elevada e, por causa disso, tem efeito prejudicial, sobretudo em todos os interesses do gênio em devir. O erudito não tem coração para essa necessidade, fala com voz fria e aguda sobre ele, e encolhe muito rapidamente os ombros, como se fosse sobre algo estranho e absurdo para o qual não tem nem tempo nem prazer. Também não se encontra nele o conhecimento acerca da meta da cultura.

Mas o que sobressai a nós ao longo de todas essas considerações? Que em toda parte, onde agora a cultura parece promovida do modo mais vivaz, nada se lembra daquela meta. Possa o Estado ainda validar ruidosamente seus serviços à cultura; ele a promove para promover a si mesmo e não entende uma meta que é mais elevada que seu bem-estar e existência. Por fim, os ganha-vidas querem mesmo ganho, quando eles anseiam sem cessar por instrução e formação. Quando os sedentos por formas prescrevem para si o trabalho próprio da cultura e supõem, por exemplo, que toda arte lhes pertence e tem de servir às suas necessidades, fica claro apenas que eles afirmam a si mesmos à medida que afirmam a cultura; portanto, eles não conseguem sair de um mal-entendido. Falou-se já o suficiente do erudito. Todos os quatro poderes ponderam entre si, de modo solícito, como eles podem tirar proveito *para si*, com a ajuda da cultura, tão débeis e vazios eles são quando esta não favorece seus interesses. E, por isso, na época recente *não melhoraram* as condições para o surgimento do gênio, e a aversão a homens originais cresceu num grau, de modo que Sócrates não poderia ter vivido entre nós e em todo caso não teria chegado aos setenta anos.

Recordo agora o que expressei na terceira seção: que todo nosso mundo moderno não parece tão firme e duradouro para que se pudesse profetizar também uma subsistência eterna em relação ao conceito de sua cultura. Pode-se até mesmo julgar verossímil que o próximo milênio se depare com um par de novos desmoronamentos, em face dos quais, no entanto, se arrepiariam os cabelos de todo vivente de hoje. *A crença num significado metafísico da cultura* não seria enfim tão assustadora: mas talvez o seriam algumas conclusões que se poderiam tirar daí para a educação e para a escola.

É exigida uma reflexão deveras extraordinária para ver, além e para fora dos estabelecimentos de educação de hoje, instituições de todo estranhas e distintas, as quais talvez julgarão ser necessárias a segunda ou terceira geração. Ao passo que através dos esforços dos atuais educadores superiores não se chega nem ao nível do erudito, nem do funcionário público, nem do ganha-vida, do filisteu da cultura, ou por fim e de hábito um produto híbrido de todos eles. Todavia, teriam ainda aqueles estabelecimentos a serem inventados uma tarefa muito difícil – na verdade não difícil em si, pois seria em todo caso a tarefa mais natural e, desse modo, a mais fácil; e pode, p. ex., algo ser mais difícil do que adestrar um adolescente em erudito, como hoje acontece? Mas a dificuldade do homem está em mudar de orientação e propor para si uma nova meta; e custará indizíveis esforços trocar o pensamento fundamental da nossa educação atual, que tem suas raízes na Idade Média, e na qual paira o erudito medieval como a meta da cultura perfeita, para um novo pensamento fundamental. Já é tempo de se defrontar com essas oposições; pois alguma geração deve começar a batalha que uma geração vindoura deverá vencer. Hoje já se encontra na encruzilhada o indivíduo que entendeu aquele novo pensamento fundamental da cultura; seguindo pelo único caminho ele é bem-vindo a seu tempo, que não deixará faltar coroas e recompensas. Partidos poderosos o carregarão, atrás e diante de si estarão muitos correligionários, e, quando o homem de frente pronunciar a senha, ela ressoará por todas as filas. O primeiro dever aqui é: "lutar em fila"; o segundo, tratar como inimigos todos aqueles que não querem se pôr em fila. O outro caminho o reúne com os mais raros companheiros de andança, é mais difícil, sinuoso, íngreme; aqueles que seguem pelo primeiro caminho desprezam-no, pois lá ele caminha com dificuldade e muitas vezes se expõe ao perigo; eles tentam atraí-lo para o seu lado. Caso alguma vez esses caminhos se cruzem, ele será maltratado, jogado para fora ou isolado com um medroso passar ao lado. O que significam agora para esses distintos andarilhos os dois caminhos para a instituição da cultura? Aquela multidão enorme que se aglomera no primeiro caminho, em vista de sua meta, subentende haver ali ordenações e regras, graças às quais ele mesmo é posto em ordem e segue em frente, e por meio das quais são fascinados todos os obstinados e solitários, todos os que espreitam por metas mais elevadas e distantes. Para esse outro grupo, menor, uma instituição teria de realizar, no entanto, um fim completamente distinto. Ela mesma quer evitar, com a couraça de uma organização sólida, que ela seja levada e empurrada de um lado para outro por aquela multidão, que seus indivíduos singulares se desvaneçam em esgotamento precoce ou antes abandonem sua grande tarefa. Esses indivíduos devem consumar sua obra – esse é o sentido de sua coesão; e todos os que participam da instituição devem esforçar-se, através de uma sublimação contínua e de amparo recíproco, para preparar, em si e em torno de si, o nascimento do gênio e a maturidade de sua obra. Não poucos elementos da fila dos segundos e terceiros talentos foram destinados a essa cooperação, e somente na submissão a esse destino é que eles têm o sentimento de viver para um dever, de viver com finalidade e significado. Mas agora esses talentos são desviados de sua rota e alienados de seus instintos pelas vozes sedutoras da "cultura" da moda. Essa sedução se volta a seus sentimentos egoístas, a suas fraquezas e vaidades, o espírito do tempo lhes sussurra com zelo adulador: "Segui-me e não ides para lá! Pois lá sereis somente servidores, ajudantes, instrumentos, ofuscados pelas naturezas superiores, jamais felizes com vossas singularidades, puxados por fios, acorrentados como escravos, sim, como autômatos: aqui junto a mim fruís como senhores vossa personalidade livre, vossos talentos podem brilhar por si, vós mesmos deveis estar nas primeiras filas, um séquito enorme vos envolverá, e a voz da opinião pública deve deleitar-vos bem mais do que o assentimento lançado de cima, da fria altura etérea do gênio." Até os melhores estão sujeitos a essas seduções. E no fundo aqui não decidem a exceção e a força do talento, mas a influência de certa disposição de ânimo heroica e o grau de entrosamento e afinidade íntima com o gênio (*Genius*). Pois *há* homens que sentem como *sua* carência, quando anelam penosamente a ele e estão em perigo de se autodestruir, ou quando suas obras são postas de lado como indiferença pelo egoísmo míope do Estado, pelos sentidos triviais dos ganha-vidas, pela suficiência árida dos eruditos. E assim espero também que existam alguns que entendam o que quero dizer com a apresentação do destino de Schopenhauer e para que propriamente, segundo minha representação, Schopenhauer como educador deve *educar*.

7

Mas para deixar de lado de uma vez todos os pensamentos sobre um futuro distante, acerca de uma possível revolução da educação: o que se deveria *atualmente* desejar e, se for necessário, proporcionar a um filósofo em devir para que ele possa ter alento e traga Schopenhauer à luz, no melhor dos casos, para uma existência certamente difícil, mas pelo menos possível? O que se deveria além disso inventar para dar mais verossimilhança à sua atuação sobre os contemporâneos? E que barreiras deveriam ser retiradas para que seu exemplo sobretudo exerça pleno efeito, de modo que o filósofo novamente eduque os filósofos? Nossa investigação transcorre agora no âmbito da prática e do escândalo.

A natureza quer sempre ser de interesse geral, mas ela não sabe encontrar os melhores e mais apropriados meios e motivos para esse fim: esse é seu grande sofrimento; por isso ela é melancólica. Por meio de sua própria pulsão, sedenta de redenção, ela queria tornar distinta e significativa a existência do homem. Mas quão incerto, fraco e débil é o efeito que ela atinge geralmente com os filósofos e artistas! Como ela raramente produz um efeito! Particularmente grande é seu embaraço em relação aos filósofos, em aplicá-los ao interesse geral; seus meios parecem ser somente tateios, lembranças casuais, de modo que seu intento fracassa inúmeras vezes e a maioria dos filósofos não chega a ter utilidade geral. O procedimento da natureza parece ser o esbanjamento de uma exuberância sacrílega; pode-se supor que, se ela fosse um homem, jamais superaria o desgosto de si mesma e de sua desgraça. A natureza lança o filósofo como uma flecha entre os homens; ela não intenta mas espera que a flecha fique pendurada em algum lugar. Mas ela erra inúmeras vezes e tem desgosto com isso. Ela procede no âmbito da cultura com tanto desperdício como nos plantios e semeaduras. É de modo geral e lento que ela atinge seus objetivos: nisso ela sacrifica tantas e tantas forças. O artista e, de outro lado, os conhecedores e amantes de sua arte se relacionam entre si como um rude canhão e um bando de pardais. É obra da simplicidade rolar uma grande avalanche, para retirar um pouco de neve, para abater um homem, para acertar na mosca que está em seu nariz. O artista e o filósofo são provas contrárias à conformidade a fins da natureza em seus meios, caso eles já tenham fornecido a prova mais bem-acabada para a sabedoria de seus fins. Eles sempre atingem a poucos, quando deveriam atingir a todos – e também esses poucos não são atingidos com a força com que o filósofo e o artista lançam seus projéteis. É triste ter de estimar de modo tão diferente a arte como causa e a arte como efeito: quão descomunal ela é como causa, quão paralisada, quão ecoante ela é como efeito! O artista faz sua obra segundo a vontade da natureza, para o bem dos outros homens, não há dúvida acerca disso. Apesar disso, ele sabe que jamais algum desses outros homens entenderá e amará sua obra do modo como ele mesmo a entende e ama. Aquele elevado e único grau de amor e entendimento é assim necessário para a disposição desajeitada da natureza, a fim de que surja um grau inferior; o maior e mais nobre é utilizado como meio para o surgimento do ínfimo e do não nobre. A natureza não governa de modo inteligente, suas despesas são muito maiores do que a receita a que ela visa; em algum momento ela deve se afundar em toda sua riqueza. Ela teria organizado isso de modo mais racional, caso sua regra doméstica fosse: poucos gastos e receita em cêntuplo se por exemplo houvesse ainda poucos artistas, com forças muito débeis, mas para isso incontáveis receptores e destinatários, e esses justamente de uma raça mais forte e impetuosa do que a própria raça dos artistas. Assim, o efeito da obra de arte em relação à causa seria um eco cem vezes mais forte. Ou não se poderia pelo menos esperar que causa e efeito sejam igualmente fortes; mas quão aquém dessa expectativa fica a natureza! Parece amiúde como se um artista e sobretudo um filósofo estivessem *casualmente* em seu tempo, como eremita ou como andarilho distraído e retrógrado. Que se compreenda com ardor quão grandioso é Schopenhauer, em e através de tudo – e quão pequeno, quão absurdo seu efeito! Nada pode ser mais vergonhoso para um homem honrado deste tempo do que perceber o quão casual Schopenhauer se distingue dele e a que potências e impotências ele esteve até aqui dependente para que seu efeito fosse tão minguado. No início e por muito tempo ele foi prejudicado pela falta de leitores, pelo prolongado escárnio sobre nossa época literária; depois, quando vieram os leitores, a inadequação de suas testemunhas públicas: decerto ainda, como me parece, o embotamento de todos os homens modernos em relação aos livros, os quais não querem de modo algum levá-los a sério. Aos poucos aproxima-se ainda um novo perigo, provindo de várias tentativas de adequar Schopenhauer a esse tempo extenuado ou até de friccioná-lo como um tempero esquisito e excitante, como que uma espécie de pimenta metafísica. Assim ele se tornou gradativamente conhecido e famoso, e acredito que já hoje seu nome é mais conhecido das pessoas que o de Hegel. E apesar disso ele é ainda um eremita, apesar disso não se fez sentir ainda o efeito! Ao menos os próprios opositores e os que ladram têm a honra de tê-lo até agora impedido, em primeiro lugar, porque há poucos homens que conseguem lê-lo e, em segundo lugar, porque eles conduzem imediatamente a Schopenhauer aqueles que perseveram nisso. Pois quem se deixa deter por um arreeiro para montar num belo cavalo, quando aquele põe tanto seu asno em evidência em detrimento do cavalo?

Quem reconhece agora a desrazão na natureza deste tempo deverá pensar em meios para ajudar um pouco aqui. Mas sua tarefa será a de tornar conhecido Schopenhauer aos espíritos livres e aos que sofrem profundamente deste tempo, reuni-los e produzir através dele uma corrente, com força para superar a falta de jeito que a natureza costumeiramente e ainda hoje mostra na utilização do filósofo. Tais homens compreenderão que essas são as mesmas resistências que bloqueiam o efeito de uma grande filosofia e estão no caminho da geração de um grande filósofo. Por isso, eles deveriam propor como meta a nova geração de Schopenhauer, isto é, a preparação do gênio filosófico. Mas o que desde o início se contrapõe ao efeito e propagação de sua doutrina, o que enfim quer também fazer malograr com todos os meios o renascimento do filósofo, em suma, a maluquice da natureza humana atual; por isso, todos os homens grandiosos em devir têm de esbanjar uma força incrível, a fim de se salvarem para além dessa maluquice. O mundo em que eles ora ingressam está envolto em mentirolas, que não precisam ser apenas dogmas religiosos, mas também conceitos ilusórios como "progresso", "formação geral", "Nacional", "Estado moderno", "luta da cultura". Poder-se-ia dizer até que todas as palavras genéricas agora portam consigo um adorno artificial e desnaturado, razão pela qual uma posteridade mais radiante de nosso tempo fará, na máxima medida, a censura do extravagante e do aleijado – que nós possamos nos vangloriar ruidosamente de nossa "saúde". A beleza dos vasos antigos, diz Schopenhauer, ressalta de que eles exprimem de modo tão ingênuo o que eles estão destinados a ser e a proporcionar. Isso vale também para todos os utensílios dos antigos; sente-se ali que, se a natureza produzisse vasos, ânforas, lâmpadas, mesas, cadeiras, elmos, escudos, couraças e assim por diante, eles assim pareceriam. Ao contrário, quem agora percebe como quase todo mundo lida com arte, com Estado, religião, cultura – para silenciar com boas razões sobre nossos "vasos" –, esse acha os homens numa certa arbitrariedade e exagero bárbaros das expressões. E ao que se torna gênio na maior parte das vezes se contrapõe que conceitos tão milagrosos e necessidades tão caprichosas estão na moda. Essa é a pressão plúmbea que, com frequência, de modo imperceptível e inexplicável, submete sua mão quando ela quer conduzir o arado – de tal modo que mesmo suas obras mais elevadas, que brotam com violência, têm de portar também em si até certo grau a expressão dessa violência.

Quando tento reunir as condições, com o auxílio das quais, no melhor dos casos, um filósofo nato ao menos não é oprimido pela mencionada esquisitice de nosso tempo, observo então algo de singular: são em parte justamente as condições gerais sob as quais o próprio Schopenhauer cresceu. É verdade que não faltam condições opostas: assim se aproxima dele de modo terrível, em sua mãe vaidosa e beletrista, aquela esquisitice do tempo. Mas o caráter orgulhoso, republicano e livre de seu pai como que o salvou de sua mãe e concedeu-lhe a primeira coisa de que um filósofo necessita, virilidade inabalável e rude. Esse pai não foi nem funcionário público nem erudito: ele viajou muitas vezes com o adolescente por países estrangeiros – tantos favorecimentos àquele que deve conhecer não os livros, mas homens; deve respeitar não um governo, mas a verdade. Em certos tempos ele ficou desanimado ou demasiado irritado com a estreiteza nacionalista;

ele não viveu na Inglaterra, França e Itália de modo distinto do que na sua pátria e sentiu pelo espírito espanhol uma simpatia considerável. No todo ele não estimava como uma honra ter nascido justamente entre alemães; e eu não sei se ele teria refletido de modo diferente em novos contextos políticos. Como se sabe, ele era da opinião que os únicos objetivos do Estado seriam dar proteção em relação ao exterior, proteção no interior e proteção dos protetores, e ponderava que, quando se lhe atribuíam outros objetivos além da proteção, isso poderia facilmente pôr em perigo o verdadeiro objetivo –: por isso, para o horror de todos os chamados liberais, ele deixou como herança seus bens aos descendentes daqueles soldados prussianos que, em 1848, sucumbiram na luta pela ordem. Provavelmente, o signo da superioridade espiritual se mostrará sempre mais, a partir de hoje, quando alguém souber lidar com o Estado e com seus deveres; pois aquele que tem no corpo o *furor philosophicus*, já não terá nenhum tempo para o *furor politicus* e se precaverá prudentemente de ler jornais todo dia ou mesmo de servir a um partido: se bem que ele não aguarde nenhum momento para estar no seu lugar, numa necessidade efetiva de sua pátria. Todos os Estados são mal organizados no caso de outras pessoas além dos homens de Estado terem de se preocupar com política, e eles merecem sucumbir com esses tantos políticos.

Outro grande favorecimento coube a Schopenhauer pelo fato de que, desde o princípio, ele não fora destinado e educado para ser erudito, mas realmente, mesmo com resistência, trabalhou algum tempo num balcão de comércio, e em todo caso inspirou durante a sua juventude inteira o ar mais livre de uma grande casa de comércio. Um erudito jamais poderá se tornar um filósofo; pois mesmo Kant nunca o conseguiu, mas permaneceu até o fim como que em estado de crisálida, apesar da pulsão inata de seu gênio. Quem acredita que com essas palavras sou injusto com Kant não sabe o que é um filósofo, isto é, não somente um grande pensador, mas também um homem efetivo. E quando se faria de um erudito um homem efetivo? Quem interpõe conceitos, opiniões, passados, livros entre si e as coisas; quem, portanto, no sentido mais amplo, nasceu para a História, nunca verá as coisas pela primeira vez e ele mesmo nunca será essa tal coisa, vista pela primeira vez. Esses dois momentos estão imbricados num filósofo, visto que ele tem de tirar de si a maior parte da instrução e porque ele mesmo serve de modelo e abreviatura para o mundo inteiro. Quando alguém olha para si mesmo através de opiniões estranhas, que milagre quando ele nada mais vê em si do que – opiniões estranhas! E assim são, vivem e veem os eruditos! Schopenhauer, ao contrário, teve a felicidade indescritível de não apenas ver em si mesmo, de perto, o gênio, mas também fora de si, em Goethe: por meio desse duplo espelhamento, ele foi desde o fundamento instruído e tornou-se sábio, para além de todas as metas e culturas eruditas. Graças a essa experiência, ele soube como deve ser constituído o homem livre e forte, ao qual almeja toda cultura artística; poderia ele, depois dessa visão, ter ainda muito prazer em ocupar-se com a assim chamada "arte", nas maneiras eruditas e hipócritas do homem moderno? Ele teria visto até mesmo algo superior ainda: uma terrível cena ultramundana de julgamento, em que toda vida, também a mais elevada e perfeita, era pesada e achada leve demais: ele vira o santo como juiz da existência. Não é possível determinar o quão cedo Schopenhauer deve ter mirado essa imagem da vida, e na verdade o quanto ele mais tarde tentou retocá-la em todos os seus escritos. Pode-se demonstrar que o adolescente e, poder-se-ia crer, já a criança tiveram essa visão descomunal. Tudo de que ele posteriormente se apropriou, vida e livros, de todos os domínios da ciência, era para ele quase somente cor e meio de expressão; ele utilizou mesmo a filosofia kantiana como um extraordinário instrumento retórico, com o qual ele acreditava se expressar ainda mais nitidamente sobre aquela imagem. Como também lhe serviram ocasionalmente, para o mesmo fim, as mitologias budista e cristã. Para ele havia somente uma única tarefa e cem mil meios de resolvê-la: um único sentido e inumeráveis hieróglifos para expressá-lo.

Faz parte das condições magníficas de sua existência que ele realmente podia viver dessa tarefa, em conformidade com seu lema: *vitam impendere vero*[30], e que nenhuma baixeza da miséria da vida o constrangeu: – é sabido de que modo excelso ele era grato a seu pai por isso – ao passo que na Alemanha o homem teórico quase sempre consegue impor sua disposição científica às expensas da pureza de seu caráter, como

---

30. "Consagrar a vida à verdade" (Juvenal, *Satirae*, 4, 91). Epígrafe da obra *Parerga e Paralipomena*, de A. Schopenhauer.

um "velhaco atencioso", sedento de posições e honras, cauteloso e submisso, adulador dos influentes e superiores. Infelizmente, Schopenhauer ofendeu incontáveis eruditos somente pelo fato de que ele não se parecia com eles.

8

Nomeamos algumas condições através das quais o gênio filosófico pode ao menos surgir em nosso tempo, apesar das reações prejudiciais: virilidade livre do caráter, conhecimento prematuro dos homens, nenhuma educação erudita, nenhum envolvimento patriótico, nenhuma coação para o ganha-pão, nenhum vínculo com o Estado – em suma, liberdade e sempre de novo liberdade, o mesmo elemento maravilhoso e perigoso, no qual puderam crescer os filósofos gregos. Quem quiser censurar-lhe o que Niebuhr[31] censurou em Platão, que ele teria sido um mau cidadão, deve fazer isso e ser apenas um bom cidadão. Assim ele terá razão, e Platão do mesmo modo. Outro interpretará aquela grandiosa liberdade como presunção. Também ele tem razão, porque ele mesmo não começaria nada direito com aquela liberdade e seria tão arrogante caso a desejasse para si. Aquela liberdade é de fato uma dívida (*Schuld*) pesada; e somente através de grandes atos pode-se pagá-la. Realmente, aquele costumeiro filho da

---

31. Barthold Georg Niebuhr (1776-1831), historiador e estadista prussiano, autor de *Römische Geschichte* e *Geschichte des Zeitalters der Revolution*.

Terra tem o direito de olhar com rancor para um favorecido de tal maneira. Possa um deus livrá-lo de ele mesmo não ser tão favorecido, ou seja, tão terrivelmente obrigado. Ele imediatamente sucumbiria em sua liberdade e em sua solidão e seria um louco, um louco malicioso de tédio.

Do que foi falado até agora, talvez possa algum pai aprender algo e fazer alguma aplicação útil para a educação privada de seu filho. Se bem que não se pode de fato esperar que os pais possam ter somente filósofos como filhos. Provavelmente, em todos os tempos, os pais terão se oposto quase sempre à 'filosofização' (*Philosophenthum*) de seus filhos, como à maior maluquice. Como é sabido, Sócrates sucumbiu como vítima diante da ira dos pais em relação à "sedução da juventude", e Platão julgava ser necessário, pelos mesmos motivos, erigir um Estado completamente novo para não fazer depender da desrazão dos pais o surgimento do filósofo. Hoje quase parece como se Platão tivesse realmente atingido algo. Pois o Estado moderno conta agora como *sua* tarefa a promoção da filosofia e tenta em todos os tempos contemplar um número de homens com aquela "liberdade", com a qual nós compreendemos a condição essencial para a gênese do filósofo. Mas Platão teve uma estranha infelicidade na história. Assim que surgiu uma formação (*Gebilde*), que no essencial correspondia a seus conselhos, sempre se tratava, numa observação mais precisa, de um filho rejeitado de um duende, um monstrinho horrível: de modo semelhante ao Estado sacerdotal medieval, comparado com o domínio sonhado por ele dos "filhos dos deuses".

O Estado moderno está hoje o mais afastado possível justamente de tornar os filósofos dominadores – graças a Deus! acrescentará o cristão –: mas, mesmo aquela promoção da filosofia como ele a entende, deveria ser considerada em vista disso, caso ele a compreenda *platonicamente*, penso eu: tão séria e sinceramente, como se sua intenção suprema fosse a de engendrar novos Platões. Se o filósofo costumeiramente apareceu em seu tempo de modo casual – o Estado agora propõe de fato a tarefa de verter com consciência essa casualidade em necessidade, e aqui também auxiliar a natureza?

Infelizmente, a experiência nos ensina de modo melhor – ou pior: ela diz que, em vista dos grandes filósofos por natureza, nada estorva tanto sua geração e propagação do que os maus filósofos pelas vias do Estado. Um objeto desagradável, não é verdade? – como se sabe, é o mesmo ao qual Schopenhauer volveu pela primeira vez os olhos, em seu célebre tratado sobre a filosofia universitária. Eu retorno a esse objeto, pois é necessário constranger os homens a levá-lo a sério, isto é, deixar-se determinar por ele para uma ação, e considero como escrita inutilmente toda palavra atrás da qual não está essa exigência para a ação; e em todo caso é bom demonstrar ainda diretamente as sentenças de Schopenhauer, para sempre válidas, a nossos contemporâneos mais próximos, pois uma pessoa bondosa poderia pensar que tudo na Alemanha se teria tornado melhor com as suas pesadas acusações. Sua obra, nesse ponto, por mais insignificante que seja, ainda não chegou a seu termo.

Mais precisamente, aquela "liberdade" com que agora o Estado, como disse, agracia alguns homens com os favores da filosofia, já não é nenhuma liberdade, mas um emprego, que sustenta seu homem. A promoção da filosofia, portanto, consiste somente em que hoje em dia, ao menos para certo número de homens, o Estado possibilita *viver* de sua filosofia, graças à qual eles conseguem um ganha-pão. Enquanto os velhos sábios da Grécia não recebiam salário do Estado, mas no máximo, como Zenão, eram honrados com uma coroa dourada e com um monumento funerário no Cerâmico. Mas, se a verdade é servida quando se mostra um caminho pelo qual é possível viver dela, não sei dizer nada de geral, pois aqui tudo depende da índole e das qualidades do homem singular, a quem se manda seguir por esse caminho. Bem que eu poderia pensar num grau de orgulho e autoestima, no qual um homem diz aos que lhe são próximos: – cuidai de mim, pois tenho algo melhor a fazer, ou seja, cuidar de vós. Em Platão e em Schopenhauer essa grandeza de caráter e de expressão não seria de estranhar: por isso eles poderiam ser até mesmo filósofos de universidade, assim como Platão foi por um certo tempo filósofo da corte, sem rebaixar a dignidade da filosofia. Mas já Kant, como nós eruditos costumamos ser, era atencioso, submisso e, em sua relação com o Estado, sem grandeza; de modo que, quando a filosofia universitária fosse acusada, ele não poderia defendê-la. Mas há seres – como Schopenhauer e Platão – que poderiam defendê-la. No entanto, temo só uma coisa: eles jamais terão ocasião para isso, porque nunca um Estado ousaria favorecer tais homens e colocá-los nessas posições. Por que razão? Porque todo Estado a teme e favorecerá somente filósofos, diante dos quais ele não tem nada a temer. Sucede que o Estado em geral tem medo da filosofia e, justamente quando esse é o caso, ele buscará atrair tantos filósofos para si, os quais lhe dão a aparência de que ele tem a filosofia do seu lado – pois ele tem esses homens do seu lado, que levam o seu nome e de modo algum metem medo. Mas, caso surgisse um homem que de fato tenciona ir com a faca da verdade ao corpo de tudo, também do Estado, então o Estado está no direito, porque ele afirma sobretudo sua existência, de excluir esse ser e de tratá-lo como seu inimigo; do mesmo modo como ele exclui e trata como inimiga uma religião que se sobrepõe a ele e quer ser seu juiz. Caso alguém suporte ser filósofo pelas vias do Estado, ele tem de suportar também ser visto por ele como se tivesse renunciado perseguir a verdade em todos os esconderijos. Ao menos enquanto ele for favorecido e empregado, deve reconhecer algo ainda mais elevado que a verdade, o Estado. E não somente o Estado, mas ao mesmo tempo tudo o que o Estado exige para seu bem-estar, por exemplo, uma determinada forma de religião, de ordem social, de constituição nacional – em todas essas coisas está escrito um *noli me tangere*[32]. O filósofo universitário já está bem esclarecido acerca de toda a dimensão de sua obrigação e limitação? Não sei. Se alguém tiver procedido assim e, apesar disso, continua sendo um funcio-

---

32. "Não me toques" (Vulgata, João 20,17).

nário público, então ele foi em todo caso um mau amigo da verdade; se ele não tiver procedido assim – então, sou da opinião de que ele também não é amigo da verdade.

Esse é o escrúpulo mais disseminado; mas enquanto tal é o mais fraco e indiferente para homens, como agora eles são. A maioria se contentará com sacudir os ombros e dizer: "como se alguma vez algo grandioso e puro pudesse permanecer e fixar-se nesta Terra sem fazer concessões à baixeza humana! Preferis pois que o Estado persiga o filósofo, em vez de pagar-lhe salário e tomá-lo a seu serviço?". Sem responder nesse momento a essa pergunta, acrescento apenas que essas concessões da filosofia ao Estado vão hoje em dia muito longe. Em primeiro lugar, o Estado escolhe seus servidores filosóficos, e tantos quantos ele necessita para seus estabelecimentos; ele dá a impressão, portanto, de distinguir entre bons e maus filósofos, ainda mais, ele pressupõe que sempre deve haver o suficiente dos *bons*, para ocupar com eles todas as suas cátedras. Ele é agora a autoridade, não somente no que tange aos bons, mas também ao número necessário dos bons. Em segundo lugar, ele obriga aqueles que escolheu para si a uma estada num determinado lugar, entre certos homens, para uma determinada atividade; eles devem instruir todo jovem acadêmico que tem prazer em aprender, diariamente, em horários fixos. Questão: pode no fundo um filósofo, com boa consciência, ter todo dia algo para ensinar? E ensinar isso diante de qualquer um que quer ouvir? Não tem ele de dar ares de saber mais do que ele sabe? Não tem ele que falar, diante de uma audiência desconhecida, de coisas acerca das quais ele não deveria falar sem risco com seus amigos mais próximos? E sobretudo: ele não se priva de sua esplêndida liberdade, de seguir seu gênio, quando este chama, e para onde ele chama? – Assim, ele é obrigado a pensar publicamente em horas determinadas, sobre algo predeterminado. E ainda diante de jovens! Esse pensamento não é de antemão castrador? Como seria se ele num certo dia sentisse: "Hoje não posso pensar em nada, não me ocorre nada de interessante" – e apesar disso ele teria de se apresentar e dar a aparência de pensar!

Mas poder-se-ia objetar que ele não é de modo algum pensador, mas no máximo alguém que reflete e cogita (*Nach- und Überdenker*), principalmente um conhecedor erudito de todos os pensadores anteriores, sobre os quais ele sempre poderá contar algo que seus alunos não sabem. – Esta é justamente a terceira concessão, altamente perigosa, da filosofia ao Estado, quando ela se compromete com ele para se apresentar, antes de mais nada, como erudição. Sobretudo como conhecimento da história da filosofia. Ao passo que, para o gênio, que, semelhante ao poeta, olha para as coisas de modo puro e com amor e não pode intrometer-se muito a fundo nelas, a agitação em incontáveis opiniões estranhas e pervertidas é a ocupação mais repugnante e incômoda. A história erudita do passado nunca foi a ocupação de um verdadeiro filósofo, nem na Índia nem na Grécia. E um professor de filosofia, caso ele se ocupe com esse trabalho, deve admitir que se diga dele, no melhor dos casos: ele é um hábil filólogo, antiquário, conhecedor de línguas, historiador, mas nunca: ele é um filósofo. E isso no melhor dos casos, como foi visto; pois, na maioria dos trabalhos eruditos feitos por filósofos universitários, um filósofo tem a sensação de que eles são mal elaborados, sem rigor científico e quase sempre com uma monotonia odiosa. Quem por exemplo redime de novo a história dos filósofos gregos da névoa entorpecedora, que sobre ela alastraram os trabalhos eruditos, não tão científicos e, infelizmente, demasiado entediantes, de Ritter, Brandi e Zeller? Quanto a mim, prefiro ler Diógenes Laércio a Zeller, porque naquele pelo menos vive o espírito dos filósofos antigos; mas neste não vivem nem o antigo nem nenhum outro espírito. E por fim em todo mundo: que interesse tem para nossos jovens a história da filosofia? Devem eles ser desencorajados de ter opiniões devido à confusão de opiniões? Devem eles tomar parte do coro de júbilo de modo tão esplêndido como nós o levamos adiante? Devem eles talvez aprender a odiar ou a desprezar a filosofia? Poder-se-ia quase pensar no último caso, quando se sabe como os estudantes se martirizam por causa de suas provas de filosofia, para imprimir em seu pobre cérebro as ideias mais malucas e sutis do espírito humano, junto com as maiores e de mais difícil apreensão. A única crítica da filosofia que é possível e que também prova algo, a que faz a tentativa de viver segundo ela, nunca foi ensinada nas universidades, mas sempre a crítica de palavras por meio de palavras. E que se pense agora numa cabeça juvenil, sem muita experiência na vida, em que cinquenta sistemas em palavras são guardados juntos e mesclados com cinquenta críticas deles: – que devastação, que selvageria, que escárnio em relação a uma educação para a filosofia! De fato, admite-se também que não se educa para ela, mas para uma prova de filosofia: cujo resultado, como é sabido e de costume, é que aquele que sai dessa prova, ah! dessa provação[33]! – confessa a si mesmo com um ardente suspiro: "graças a Deus que não sou filósofo, mas cristão e cidadão de meu Estado!".

E se esse suspiro ardente fosse mesmo a intenção do Estado, e a "educação para a filosofia" somente um afastamento da filosofia? Que cada um pergunte a si mesmo. – Mas, se isso fosse assim, então deve-se temer somente que a juventude enfim descubra para que propriamente ali é feito um mau uso da filosofia. O mais elevado, a geração do gênio filosófico, não é nada mais que um subterfúgio? Talvez seja a meta de impedir justamente essa geração? O sentido invertido no sentido oposto? Agora, portanto, ai daquele complexo inteiro da inteligência do Estado e dos professores!

Isso já se tornou tão notório assim? Eu não sei; em todo caso, a filosofia universitária caiu em desprezo e suspeita geral. Em parte isso tem a ver com o fato de hoje predominar nas cátedras precisamente uma gera-

---

33. No original: *"der Geprüfte, ach Allzugeprüfte"*. Expressões de difícil tradução ao português, variações do verbo *prüfen* (provar, examinar). O substantivo *Prüfung* significa exame, prova, e também provação, tribulação. Na segunda expressão, *"Allzugeprüfte"*, Nietzsche acentua o caráter excessivo, de provação, de quem se submete a tais exames. Cf. também a nota de Rubens R. T. Filho acerca dessa tradução. In: Nietzsche, F. W. *Os Pensadores*. São Paulo: Abril Cultural, 1978, nota 11, p. 81.

ção enfraquecida. E Schopenhauer não teria mais necessidade de uma clava, caso ele escrevesse hoje seu tratado sobre a filosofia universitária, mas triunfaria com um caniço de junco. São os herdeiros e descendentes daqueles pensadores ruins (*Afterdenker*), aos quais ele bateu nas cabeças tão extravagantes: eles se apresentam como bebês e anões o bastante para lembrar da sentença indiana: "segundo seus atos, os homens nascerão tolos, calados, surdos, deformados". Aqueles pais receberão essa tal descendência segundo seus "atos", como reza a sentença. Por isso, não há nenhuma dúvida de que aqueles jovens acadêmicos logo se virarão sem a filosofia ensinada em suas universidades, e de que aqueles homens de fora da academia se virarão desde agora sem ela. Que cada um pense em seu próprio tempo de estudante. Para mim, por exemplo, os filósofos da academia eram homens completamente indiferentes e valiam como pessoas que se comoviam um pouco com os resultados das outras ciências, liam jornais nas horas de ócio e iam a concertos que, aliás, foram considerados por seus próprios companheiros acadêmicos com um menosprezo gentilmente mascarado. Atribui-se a eles a capacidade de saber pouco e de estar sempre prontos a usar uma expressão obscura, para mascarar sua falta de saber. Por isso, eles se detêm com contentamento em tais lugares crepusculares, onde um homem não fica por muito tempo com olhos abertos. Este voltava-se contra as ciências da natureza: nenhuma delas pode explicar-me completamente o processo mais simples, o que elas me importam? Outro dizia acerca da História: "aquele que tem ideias não diz nada de novo" – em suma, eles sempre acham motivos pelos quais filosoficamente nada se pode saber nem aprender alguma coisa. Mas, caso eles tenham se dedicado a aprender, então ali está seu impulso secreto de fugir das ciências e de fundar um reino obscuro em alguma de suas lacunas e aspectos não esclarecidos. Assim eles seguiam adiante nas ciências somente no modo como a caça diante dos caçadores, que estão no seu encalço. Recentemente agradou-lhes a afirmação de que eles são somente os guardas de fronteira e observadores das ciências; para isso lhes serve especialmente a doutrina kantiana, em que se empenham para fazer dela um ceticismo ocioso, com o qual logo ninguém mais se preocupará. Às vezes, algum deles levanta voo para uma pequena metafísica, com os resultados habituais, a saber, vertigens, dores de cabeça e sangramento nasal. Após essa viagem nas névoas e nas nuvens lhes ter sido malsucedida; depois desses instantes todos, depois de algum discípulo das verdadeiras ciências, rude e cabeça-dura, tê-los agarrado pelos cabelos e puxado para baixo, sua face assume a expressão habitual de melindrice e de ser castigado por mentir. Eles perderam completamente a confiança jovial, de modo que nenhum deles vive satisfeito com sua filosofia nem um passo adiante. Outrora alguns deles acreditavam poder inventar novas religiões ou substituir as antigas por seus sistemas; agora eles retrocedem dessa arrogância, são quase sempre gente piedosa, acanhada e obscura, jamais são corajosos como Lucrécio, e raivosos com a pressão que eles exerceram sobre os homens. Não se pode mais aprender com eles nem o pensamento lógico, e eles ajustaram mesmo os exercícios habituais de disputa à estimativa natural de suas forças. Sem dúvida, no que tange às ciências especiais, as pessoas se tornaram mais lógicas, precavidas, modestas, inventivas, em suma, sucede ali mais filosoficamente do que nos chamados filósofos, de modo que qualquer um concordará com o imparcial inglês Bagehot, quando este diz dos atuais sistematizadores: "Quem não está quase de antemão convencido de que suas premissas contêm uma miraculosa mistura de verdade e erro e, por isso, não vale a pena esforçar-se em refletir sobre as consequências? O rápido fechamento desses sistemas talvez atraia a juventude e impressione os incautos, mas homens bem formados não se deixam levar por isso. Eles estão sempre prontos a acolher favoravelmente sugestões e suposições, e a mais ínfima verdade lhes é bem-vinda – mas um grande livro de filosofia dedutiva exige a suspeita. Incontáveis princípios abstratos não provados foram apressadamente reunidos por gente viva e cuidadosamente transpostos em livros e teorias, para com eles explicar o mundo inteiro. Mas o mundo não se importa com essas abstrações, e não é de se espantar que eles se contradigam uns aos outros."[34] Se antigamente, especialmente na Alemanha, o filósofo havia mergulhado em tão profunda meditação, de modo que ele pairava em cons-

---

34. Nietzsche cita a versão alemã da obra de Walter Bagehot, *Der Ursprung der Nationen. Betrachtungen über den Einfluß der natürlichen Zuchtwahl und der Vererbung auf die Bildung politischer Gemeinwesen*. Leipzig, 1874, pp. 216-7.

tante perigo, de dar com a cabeça em toda trave, assim lhes ocorre hoje, do mesmo modo que Swift[35] contou acerca dos habitantes da Lapúcia, reunidos numa multidão inteira de matraqueadores, para dar-lhes no momento certo um leve golpe nos olhos ou onde quer que fosse. Que esses golpes sejam às vezes mais fortes, então bem se esquecem os que se elevam da terra e de novo batem, algo que sempre ocorre para sua vergonha. Tu não vês a trave, cabeça tonta, diz então o matraqueador – e de fato o filósofo vê amiúde a trave e se torna novamente afável. Esses matraqueadores são as ciências da natureza e a História. Gradualmente, eles intimidaram de tal modo a economia alemã do sonho e do pensamento, por muito tempo confundida com a filosofia, que aqueles donos da casa do pensamento teriam preferido abandonar a tentativa de prosseguir de modo autônomo. Mas quando estes imperceptivelmente a tomam nos braços ou querem ligar a si uma andadeira, para conduzir a si mesmos em andadeiras, aquelas imediatamente matraqueiam do modo mais terrível possível – como se quisessem dizer: "Só faltava ainda que esse dono da casa do pensamento infectasse as ciências da natureza ou a História! Fora com ele!" Então eles oscilam de novo, para sua própria insegurança e inquietação: eles querem mesmo ter nas mãos um pouco de ciência da natureza, algo como psicologia empírica, do mesmo modo que os herbartianos[36];

---

35. Nietzsche refere-se à obra *As viagens de Gulliver* (1726), de Jonathan Swift.

36. Seguidores de J. F. Herbart (1776-1841), psicólogo, filósofo e pedagogo.

também um pouco de História – então eles ao menos podem publicamente agir como se procedessem cientificamente, como se logo, em silêncio, desejassem mandar ao diabo toda filosofia e toda ciência.

Admitindo, porém, que essa multidão de maus filósofos é ridícula – e quem não admitirá isso? –, em que medida eles também são *nocivos*? Respondido com brevidade: pelo fato de que eles fazem da filosofia uma coisa ridícula. Até quando persistir o pensamento ruim, reconhecido pelo Estado, todo grandioso efeito de uma filosofia verdadeira será frustrado, ou pelo menos impedido, e por nada menos do que pela maldição do ridículo, a que se terão retraído os representantes daquela grande coisa, e que atinge a própria coisa. Por esse motivo, chamo de exigência da cultura a retirada da filosofia de todo reconhecimento estatal e acadêmico, e dispensar de todo o Estado e a Academia da tarefa para eles insolúvel de distinguir entre filosofia verdadeira e filosofia aparente. Deixai os filósofos sempre medrar de modo selvático, negai-lhes qualquer perspectiva de emprego e colocação nas profissões burguesas, não os lisonjeeis mais com remuneração, ainda mais: persegui-os, olhai sem clemência para eles – deveis experienciar coisas surpreendentes! Então eles fugirão uns dos outros e buscarão um teto em algum lugar, os pobres aparentes; aqui se abre uma paróquia, lá um estabelecimento de mestre-escola, este se esconde na redação de um jornal, esse outro escreve manuais para escolas superiores de moças, o mais racional deles pega no arado, e o mais vaidoso vai para a corte. De repente tudo está vazio, o ninho abandonado: pois é fácil se livrar dos maus filósofos, basta apenas não favorecê-los. E em todo caso isso é mais aconselhável do que patrocinar publicamente uma filosofia, seja qual for, pelas vias do Estado.

Nunca interessa ao Estado a verdade propriamente, mas apenas a verdade que lhe é útil ou, mais exatamente, apenas o que lhe é útil, seja verdade, meia verdade ou erro. Portanto, uma aliança entre Estado e Filosofia somente terá sentido se a filosofia puder prometer ser incondicionalmente útil ao Estado, isto é, colocar o benefício ao Estado acima da verdade. Certamente, seria algo magnífico para o Estado ter também a verdade a seu serviço e encargo; contudo, bem sabe ele mesmo que faz parte da *natureza* da filosofia nunca prestar serviço nem receber pagamento de ninguém. Desse modo, ele possui em si mesmo somente a falsa "verdade", uma pessoa com uma máscara, e esta, infelizmente, não lhe pode oferecer agora o que ele tanto deseja da autêntica verdade: sua legitimação e canonização. Quando um príncipe medieval queria ser canonizado pelo papa, mas não o conseguia, então ele nomeava um antipapa que lhe prestasse esse serviço. Isso podia ocorrer até certo ponto; mas não procede quando o Estado moderno nomeia uma contrafilosofia, pela qual quer ser legitimado; pois ele tem, como sempre, a filosofia contra si, e agora ainda mais do que no passado. Creio seriamente que lhe é em absoluto mais vantajoso não se ocupar mais com ela, não desejar nada dela e, enquanto for possível, deixá-la seguir como algo insignificante. Caso ela não se mantenha nessa insignificância, e se volte perigosa e ameaçadoramente contra ele, o Estado se disporá a persegui-la. – Pois o Estado não pode ter nenhum outro interesse na universidade a não ser o de educar por meio dela cidadãos dedicados e úteis, deveria preocupar-se em não questionar essa dedicação, essa utilidade, ao exigir dos jovens uma prova de filosofia. De fato, considerando as cabeças torpes e incapazes, o meio correto de intimidá-las por completo nos estudos é o fantasma do exame. Mas o ganho que se obtém não compensa o dano que essa ocupação imposta provoca nos jovens arrojados e inquietos; eles conhecem livros proibidos, começam a criticar seus professores e, por fim, percebem qual é o objetivo da filosofia universitária e daquelas provas – para não falar dos escrúpulos que jovens teólogos podem ter nessa ocasião e, em consequência disso, começarão a extinguir-se na Alemanha, como os cabritos monteses no Tirol. – Eu sei bem que objeção o Estado poderia fazer a toda esta consideração, enquanto ainda medrar o belo e verde hegelianismo[37] em todos os campos. Mas desde que o granizo arruinou a colheita e as promessas que nessa época se fizeram não se cumpriram e todos os celeiros ficaram vazios – é melhor não objetar nada e afastar-se da filosofia. Hoje se tem o poder: outrora, no tempo de Hegel, se queria tê-lo – e essa é uma grande diferença. O Estado não precisa mais da sanção da filosofia, por isso ela se tornou supérflua para ele. Se o Estado deixa de manter suas cátedras ou, como prevejo para os próximos tempos, apenas as mantenha ainda de modo

---

37. "*Hegelei*", no original.

aparente e negligente, então ele se beneficia disso – pois me parece mais importante que também a universidade veja ali seu proveito. Eu deveria ao menos pensar que o lugar das ciências efetivas teria de se sentir promovido se a comunidade o livrasse de uma meia ciência ou de um quarto de ciência. Além disso, é muito raro o respeito pelas universidades para que não se deseje a extinção de disciplinas que os próprios acadêmicos pouco respeitam. Pois os não acadêmicos têm boas razões para certo desprezo generalizado pelas universidades; objetam que elas são covardes, que as pequenas temem as grandes, e que as grandes temem a opinião pública; que não estão à frente de todas as questões da cultura superior, mas que estão mancando, atrasadas e lentas; que não se sustenta mais a própria orientação fundamental das ciências mais relevantes. Nunca, por exemplo, se realizaram estudos linguísticos com mais zelo, sem que se julgasse necessária a si mesmo uma educação severa para a escrita e o discurso. A Antiguidade hindu abre suas portas, e seus conhecedores não têm nenhuma outra relação com as obras mais imperecíveis dos hindus, com suas filosofias, que a do animal com a lira: embora Schopenhauer tenha considerado o conhecimento da filosofia indiana uma das maiores vantagens de nosso século em relação aos precedentes. A Antiguidade clássica tornou-se uma Antiguidade qualquer e não atua mais de modo clássico ou modelar, como demonstram seus discípulos, que certamente não são homens modelares. Onde foi parar o espírito de Friedrich August

Wolf[38], de quem Franz Passow pôde dizer que se manifestou como um espírito autenticamente patriótico e humano, que tinha em todo caso a força de agitar e incendiar uma região inteira da terra – para onde foi esse espírito? Em contrapartida, penetra sempre mais na universidade o espírito dos periodistas, e não raro com o nome de filosofia; um discurso afetado e polido, com Fausto e Natan, o Sábio nos lábios, a linguagem e as opiniões de nossos repugnantes periódicos literários, recentemente também o alarido em torno de nossa sacra música alemã, até mesmo a exigência de cátedras para Schiller e Goethe – tais indícios mostram que o espírito da universidade começa a confundir-se com o espírito do tempo. Por isso, parece-me de suma importância que surja um tribunal superior, de fora das universidades, para vigiar e julgar também esses estabelecimentos, no que diz respeito à educação que eles promovem. E, assim que a filosofia desligar-se das universidades e purificar-se de todas as considerações e obscurecimentos, ela não poderá ser nada além desse tribunal: sem poder estatal, sem salário e honras, ela saberá cumprir o que lhe cabe, livre do espírito do tempo, e do medo desse espírito – em suma, assim como Schopenhauer viveu, enquanto o juiz da "cultura" que o circundava. Desse modo, o filósofo pode ser útil também para a universidade, caso não se confunda com ela, mas a abarque de certa distância digna.

---

38. Filólogo clássico alemão (1759-1824), autor de *Prolegomena zu Homer* e *Darstellung der Alterthums-Wissenschaft*.

Por fim, que importância tem para nós a existência de um Estado, a promoção das universidades, quando se trata sobretudo da existência da filosofia sobre a Terra! Ou – para não deixar nenhuma dúvida acerca do que penso – ainda que pareça despropositado, é mais importante que surja um filósofo na Terra do que a subsistência de um Estado ou de uma universidade. Na medida em que crescem a servidão sob a opinião pública e o perigo da liberdade, pode-se elevar a dignidade da filosofia; ela atingiu seu máximo com o terremoto da república romana decadente e na época imperial, quando seu nome e o da História se tornaram *ingrata principibus nomina*[39]. Brutus provou mais sua dignidade que Platão; são os tempos em que a ética cessou de conter lugares-comuns. Se hoje não se tem muita estima pela filosofia, cabe apenas perguntar: por que razão agora nenhum grande general ou homem de Estado declara ser seu seguidor? Apenas porque, no tempo em que ele a procurou, deparou-se com um débil fantasma com o nome de filosofia, aquela sabedoria erudita de cátedra e cautela de cátedra, em suma, porque para ele a filosofia tornou-se entrementes uma coisa ridícula. Deveria ter sido para ele algo terrível; e os homens, que são chamados a buscar o poder, deveriam saber que fonte de heroísmo nela flui. Um americano tem de lhes dizer o que significa um grande pensador nesta Terra, enquanto novo centro de forças descomunais. "Prestai atenção, diz Emerson, quando o grande Deus faz vir um pensador em

---

39. Nomes desagradáveis aos príncipes.

nosso planeta. Então tudo está em perigo. É como se um incêndio se alastrasse numa cidade grande, em que ninguém sabe o que ainda está seguro e até onde ele se estenderá. Pois não há nada na ciência que amanhã não possa passar por reviravoltas; nenhuma reputação literária vale mais, nem sequer as chamadas celebridades eternas. Todas as coisas que neste momento são caras e valiosas ao homem o são somente por conta das ideias que surgiram no seu horizonte espiritual e são a causa da ordem atual das coisas, assim como uma árvore o é das maçãs que carrega. *Um novo grau de cultura submeteria instantaneamente o sistema inteiro das aspirações humanas a uma revolução.*"[40] Ora, se tais pensadores são perigosos, então fica bem claro por que nossos pensadores acadêmicos são inofensivos; pois seus pensamentos crescem de modo tão pacífico na tradição como uma árvore jamais carregou suas maçãs: eles não assustam, não se desengonçam; poder-se-ia dizer de todas as suas tentativas o que Diógenes objetou quando se elogiava um filósofo: "O que tem ele de grandioso a mostrar, pois há muito tempo ele faz filosofia e ainda não *perturbou* ninguém?" Sim, na inscrição tumular da filosofia universitária deveria assim constar: "ela nunca perturbou ninguém". No entanto, mais parece um elogio a uma mulher velha do que a uma deusa da verdade, e não é de estranhar se os que conhecem aquela deusa somente como uma mulher velha não são eles mesmos pouco ho-

---

40. Emerson, R. W. (1803-1882). Nietzsche cita, com algumas elisões, a obra *Versuche* (*Essays*). Trad. de G. Fabricius. Hannover, 1858, pp. 226 ss.

mens e, por isso, não são mais devidamente considerados pelos homens do poder.

Mas, se assim sucede em nosso tempo, então a dignidade da filosofia está reduzida a pó. Parece que ela própria tornou-se algo ridículo e indiferente, de modo que todos os seus verdadeiros amigos têm o dever de testemunhar contra esse equívoco, ou pelo menos mostrar que somente aqueles falsos servidores e representantes indignos da filosofia são ridículos ou indiferentes. Ou melhor, os verdadeiros amigos provam através da ação que o amor à verdade é algo terrível e violento.

Isso tudo demonstrou Schopenhauer – e continuará demonstrando mais isso a cada dia.

GRÁFICA PAYM
Tel. [11] 4392-3344
paym@graficapaym.com.br